A –
MAINE
Acadia NP
PORTLAND
V. T.
MONTPELLIER
N. H.
CONCORD
MASS.
BOSTON
R. I.
NEW YORK
BUFFALO
NEW YORK
N. J.
TRENTON
PHILADELPHIA
PITTSBURGH
M. D.
BALTIMORE
DOVER
DELAWARE
WEST VIRGINIA
CHARLESTON
Shenandoah NP
VIRGINIA
NORTH CAROLINA
RALEIGH
SOUTH CAROLINA
COLUMBIA
GEORGIA
ATLANTA
SAVANNAH
JACKSONVILLE
FLORIDA
TAMPA
MIAMI
ALABAMA
BIRMINGHAM
MISSISSIPPI
JACKSON
LOUISIANA
SHREVEPORT
NEW ORLEANS
USTON
ARKANSAS
LITTLE ROCK
ULSA
TENNESSEE
KNOXVILLE
Great Smoky Mountains NP
KENTUCKY
LOUISVILLE
INDIANA
INDIANAPOLIS
OHIO
CLEVELAND
CINCINNATI
MICHIGAN
DETROIT
ILLINOIS
CHICAGO
WISCONSIN
MILWAUKEE
NESOTA
ST. PAUL
MINNEAPOLIS
ipestone NM
OWA
DES MOINES
MISSOURI
KANSAS CITY
ST. LOUIS
Atlantischer Ozean
Golf von Mexico

GAYLORD SKY WORELL

AMERIKAS
NATURWUNDER
Parks, Monumente, Landschaften

GAYLORD SKY WORELL

AMERIKAS NATURWUNDER

Parks, Monumente, Landschaften

Gondrom

Für Marion

Frontispiz: Smith Rock, OR

Buchgestaltung, Layout und Umschlag: Dr. Hellmut Worch
Text und Fotografie vom Autor

ISBN 3-8112-1157-9

Inhalt

Vorwort

Als ich 1970 erstmals und gut vorbereitet auszog, die bekannt großartigen Landschaften und Naturwunder Amerikas genauer kennenzulernen, war ich in der persönlichen Konfrontation dennoch überrascht und sehr beeindruckt. Und je tiefer ich in den folgenden Jahren eindrang in diese staunenerregende Welt archaischer Szenerien und Phänomene, um so mehr wandelte sich meine Bewunderung in neugierige Entdeckerfreude, ja Faszination.

Bald schon aber war mir aufgefallen, daß es zu dieser Zeit fast keine anschauliche und informierende Literatur über all diese Naturschönheiten auf dem europäischen Markt gab. So würden also viele Tausende von Naturliebhabern mangels Sachkenntnis niemals die gleiche Beglückung durch das eigene, unmittelbare Erleben erfahren können, das für mich wesentlicher Lebensinhalt geworden war.

Welche Herausforderung also für den Naturschriftsteller wie den Fotografen. Und welche Verpflichtung gleichermaßen.

Ein Konzept entstand: Verführung durch verlockende Bildbeispiele, und Führung durch konkrete, praktisch umsetzbare Information über Lage, Erreichbarkeit und Charakteristika der schönsten Naturareale der westlichen Welt.

Damit wurde die Idee des Bildband-Führers geboren, die sich auf dem Buchmarkt schnell erfolgreich zeigte.

Nach *Amerikas Naturwunder - Die National-Parks* erschien bald darauf *Faszinierendes Amerika,* das sämtliche Nationalparks von Amerika ausführlich darstellt. 1990 erschien ein gleichartig angelegter Band über *Kanada - Die National-Parks der Rocky Mountains.* Dabei ist anzumerken, daß alle Bücher der Öffentlichkeit einmaliges Bildmaterial zugänglich machen.

Aber noch immer waren die meisten der herrlichen Naturparks kleineren Umfangs, die National-Monumente, viele Naturphänomene und all die großen Landschaften, die weder das eine noch das andere sind, jedoch ob ihrer Großartigkeit höchst sehenswert waren, unbeschrieben und unveröffentlicht. Wie viele Touristen, die meine Bücher zu den National-Parks der Neuen Welt gelockt hatten, würden mangels Kenntnis an diesen Naturwundern vorbeifahren? Eine Ergänzung meiner nunmehr 20jährigen Explorationen war daher geboten.

Das Ergebnis liegt hier vor. Und wieder ist es nicht vollkommen, denn der Kontinent ist unerschöpflich in seinem Reichtum und der Vielfalt seiner Erscheinungsformen. Er ist nicht auslotbar in einem Leben und auch nur begrenzt begreifbar.

Die Begeisterung des puren Naturerlebnisses gründet jedoch nur teilweise auf der Kenntnis aller Details und Umstände, sondern ganz elementar auf der Erfahrung des ehrfürchtigen Erstaunens, des Atemanhaltens, des schweigenden Sichhingebens an den erhebenden Augenblick, den die Schönheiten dieser Welt in uns bewirken.

Jeder Naturreisende sei sich daher stets eingedenk, daß es fast nichts bedeutet, irgendwo gewesen zu sein, wenn nicht ein tiefer Eindruck, ein gefühlsbetontes Erleben, eine stille Selbsterfahrung damit verbunden ist.

Die Bilder und Beschreibungen dieses Werkes können kein Ersatz für eine köstliche Wirklichkeit sein, denn diese vollzieht sich stets nur im Herzen desjenigen, der dazu bereit ist. Wenn dieses Buch hierzu ein Wegbereiter sein kann, hat es das gedachte Ziel erreicht.

Es wäre aber für den Autor, der diese Aufgabe ganzheitlich konzipiert und ausgeführt hat, niemals möglich gewesen, sie ohne großzügige ideelle und praktische Unterstützung von vielen Seiten zu bewältigen.
Allen voran stand die stete Aufmerksamkeit, verständnisvolle Toleranz und Hilfsbereitschaft der Park-Ranger, der kenntnisreichen Superintendents und Chief Naturalists sowie des Direktoriums des National Park Service des amerikanischen Innenministeriums, denen ich für viele Jahre der Kooperation zu danken habe. Zahllose persönliche Hinweise aus diesem Kreis, neueste wissenschaftliche Ergebnisse und profundes Naturverständnis haben manche Aussage dieses Buches erst ermöglicht.
Vielen mir teilweise unbekannt gebliebenen Helfern, die spontan bei Schwierigkeiten der technischen Durchführung meiner Explorationen beigesprungen sind, gilt mein nachträglicher Respekt und Dank. Gastfreundschaft und Hilfsbereitschaft sind ein glückliches, psychologisches Erbe aus den gar nicht so fernen Pionierzeiten des amerikanischen Volkes. Es sind Eigenschaften, die es über die verkrusteten Formeln des heutigen Miteinander-Umgehens in der Alten Welt klar hinausheben.

Ganz besonderen und herzlich empfundenen Dank schulde ich seit vielen Jahren meinem Verleger, der in wechselhaften Zeiten stets vertrauensvoll und aufgeschlossen an meiner Seite stand. Ohne ihn hätten meine oft anspruchsvollen Vorstellungen nicht verwirklicht werden können, ohne seine Umsicht und Verve wäre auch dieses Buch nicht, was es wurde.

Das gleichsinnige Interesse, die Geduld und stete Einsatzbereitschaft sowie die gute Campingküche der Begleiterin meiner herausfordernden Lebensführung aber machte die vieljährige Aufgabenstellung, einen Kontinent zu explorieren, überhaupt erst möglich. So danke ich ihr fast alles.

Gaylord Sky Worell

Der Kontinent, Ursprung und Entwicklung

Das Alter unserer Erde wird heute mit mindestens 4,6 Milliarden Jahre angenommen. Zur Zeit ihrer Entstehung war sie ein feurig-flüssiger Magmaball, an dessen äußerer Oberfläche sich durch Wärmeabstrahlung allmählich Zonen erstarrten Gesteinsmaterials bildeten, die vermutlich ganzheitlich die damals noch kleinere gesamte Erdkugel bedeckten.

Nach der Hypothese des englischen Theoretikers Paul Adrien Maurice Dirac im Jahre 1937 hat sich das universelle Maß der Schwerkraft seit dem Urknall fortschreitend verringert, wodurch auch unser Planet im Laufe der Jahrmilliarden an Größe zunehmen mußte. Die erstarrten Landmassen wichen in der Folgezeit als Schollen leichteren „Sials", die man sich als auf dem schweren „Sima" gleichsam schwimmend vorzustellen hat, voneinander ab und wurden von den sich bildenden Weltmeeren getrennt. Ein globus-umspannendes Gräben- und Spaltensystem mit hoher submariner Vulkanität wird dabei nach der Wegenerschen Kontinentalverschiebungstheorie als eigentlicher Ursachenort und Wirkungsfaktor angesehen. Ob es dabei primär oder nur vorübergehend zu einem solitären Erdteil „Pangaea" gekommen ist, aus dessen sich abtrennenden und auseinanderdriftenden Teilen die heutigen, weit verstreut liegenden Kontinente entstanden, oder ob sich dieser Vorgang vorwiegend aus der Expansion der Erde selbst ergab, ist bis heute nicht definitiv geklärt und beweisbar.

Nach neueren geologischen Untersuchungen der Kontinentalschelfe, chemischen Bohranalysen und ozeanographischen Forschungsergebnissen besteht jedoch heute kein Zweifel mehr daran, daß die beiden Amerika-Teile mit dem eurasischen Großkontinent, Afrika und selbst Australien einst eine zusammenhängende Landmasse bildeten, und zwar zu Zeiten, als sowohl das Pflanzen- als auch das Tierleben bereits hoch entwickelt war.

Erst als diese vor 200-250 Mio. Jahren begann, sich endgültig zu teilen, wobei die heutigen Kontinente Nordamerika und Europa entstanden, wurden auch sämtliche biologischen Systeme dieses Erdzeitalters räumlich getrennt. Dies erklärt, daß viele Lebensformen oder deren entwicklungsgeschichtliche Nachfolger auch heute auf beiden Kontinenten gefunden werden.

Als Beispiel für vieles sei nur angeführt, daß die Arten der Mammutbäume, welche heute nur noch im Westen der USA wachsen, in fossiler Form auf allen Kontinenten der nördlichen Halbkugel nachgewiesen wurden. Gleiches gilt für viele Tierspezies bis herab zu den niedrigsten Entwicklungsstufen hochspezifischer Einzeller.

In Kenntnis dieser Gegebenheiten wird sich der heutige Besucher Nordamerikas wundern müssen, wie groß die Verschiedenartigkeit in Flora und Fauna dort sich darstellt im Vergleich zu europäischen, weit artenärmeren Verhältnissen.

Daß das so ist, hat eine ebenso einfache wie unabweisbare Erklärung: Die Eiszeiten, die im Laufe der letzten Millionen Jahre, vor allem in den vergangenen 100 000 Jahren, sich von Norden her ausbreitend, in unterschiedlicher Dauer, Intensivität und südlicher Ausdehnung beide Kontinente mit Gletschern überdeckten, ließen alles Lebende unter ihrer kalten Last ersterben.

Während in Mitteleuropa ein nur wenige hundert Kilometer breiter Landstreifen zwischen den von Skandinavien einerseits und der Alpenregion andererseits ausgehenden Eismassen freiblieb, bedeckten die Glazialströme in dem durchschnittlich zehn

Breitengrade südlicher liegenden nordamerikanischen Kontinent ganzheitlich nur das heutige Kanada. Das Gebiet der jetzigen USA wurde nur zu weniger als einem Viertel erfaßt, und dies nur im Bereich der nordöstlich gelegenen Großen Seen, während der gesamte Süden, Südwesten und Westen davon weitgehend verschont blieben. Lediglich im Bereich der Sierra Nevada und der vor 75 Mio. Jahren emporgelifteten Rocky Mountains kam es wiederholt zu Gletschervergrößerungen, wobei jedoch stets große Zwischengebiete eisfrei blieben.

Hierdurch und infolge der Tatsache, daß die großen Gebirge Nordamerikas vorwiegend in nordsüdlicher Ausstreckung orientiert sind, so daß sich nicht wie an Europas querliegenden Mittelgebirgen längerlastende Eisbarrieren auftürmen konnten, blieben fast alle Lebensformen drüben erhalten, weil sie nach vorübergehendem Zurückweichen in den Süden, schnell wieder nach Norden vordrangen, als die Kälteperioden zu Ende gingen.

Hinzu kommt, daß von den südwärtigen Winden, wie auch den Zugvögeln, fortwährend vielerlei Samen aus den subtropischen Bereichen Mexikos, Mittelamerikas und der Karibik nach Norden verfrachtet wurden, wodurch sich ein botanischer Artenreichtum entfaltete, der einzigartig in der Welt ist.

Ein weiterer Faktor, der die biologischen Unterschiede zwischen Amerika und Europa noch evidenter werden läßt, kam im letzten Jahrhundert hinzu: Die massiven naturschädigenden Auswirkungen der ungezügelten Industrien in Europas dichtgedrängter Enge zerstören in zunehmendem Maße die immer fragiler werdenden Biotope. Giftstoffe und in unbewältigbaren Massen anfallender Zivilisationsmüll zerstören Wälder, Wiesen und lebenswichtige Naturareale, so daß jährlich Hunderte von Pflanzenarten endgültig aussterben, Tiere infolge Vernichtung ihres arteigenen Lebensraumes verenden müssen, Zugvögel entkräftet vom Himmel fallen oder nie wieder kommen.

Im weiträumigen Amerika hingegen sind die Flüsse außerhalb des schmalen, industriell überlasteten Ostküstenstreifens in aller Regel klar und trinkbar und das Grundwasser ist ohne gesundheitsgefährdende Schadstoffbelastung. Auch die Fauna und Flora ist durch radikale Gesetzgebungsakte mit drastischer Strafandrohung wirkungsvoll geschützt und dadurch intakt geblieben.

Die Vielfalt an Pflanzen und Bäumen, in Europa nie gediehen oder längst ausgestorben, die prächtigen, unendlich scheinenden und wildreichen Mischwälder, die unbefangene Zutraulichkeit der meisten Tierarten, die einsamen Weiten unberührter Landschaften, die Großartigkeit und oft seltsam anmutende Einmaligkeit monumentaler und skurriler Felsformationen, die ungewöhnlichen Landschaftsformen und frappierenden Naturphänomene, vor allem aber immer wieder die befreiende Weite der großräumigen Horizonte sind das Eindrücklichste und Bewegendste, das jeden Europäer in seinen Bann schlägt und mit der Sehnsucht erfüllt, dorthin zurückzukehren, wo er noch befreit atmen und fast paradiesisch empfinden kann.

Die Naturschutz-Idee

Schon bald nach seiner Entdeckung war Amerika eine Verheißung für die unterdrückten Menschen europäischer Königreiche, Fürstentümer und vor allem repressiver Religionspolitik geworden. Aber auch Naturforscher, Abenteurer und selbsternannte Glaubensführer lockte der unbekannte Kontinent.

Tatsächlich ging die Eroberung der Neuen Welt am organisiertesten und zielstrebigsten vom spanischen Katholizismus aus, der bereits im frühen 16. Jahrhundert begann, die dort vorgefundene indianische Urbevölkerung auszubeuten, in ideologische Unterwerfung zu zwingen, zu vertreiben oder zu töten.

Das Land schien unermeßlich weit, und seine Fruchtbarkeit und Bodenschätze versprachen persönlichen Reichtum. Der Kontinent schien nur darauf zu warten, von den in hohem Maße schnell anschwellenden nachströmenden Einwanderern erobert und kultiviert zu werden.

Land für jeden, soviel er sich in einem Tag abstecken kann, war die unglaubliche Devise. Alles schien grenzenlos und unerschöpflich.

Bald kamen Landsucher aus allen Teilen der Welt, vor allem aus Europa, Jahr um Jahr mehr, die meisten aus Deutschland. Der Kontinent wurde von innen heraus erst wirklich entdeckt, von Osten nach Westen fortschreitend, seit 1820 von 48 Mio. Immigranten.

Noch 1826 wurde durch den Homestead Act praktisch jedem das Recht auf beträchtliche Landnahme staatlich garantiert. Das Leben im gelobten Land sowie Glück, Wohlstand und Freiheit schienen verbrieft.

Aber die riesigen Entfernungen, das uneuropäische, oft unerträgliche Klima und die mangelnde Infrastruktur ließen bald die Grenzen des Machbaren erkennen. Harte Arbeit war angesagt, bedingungslose Bereitschaft zum Existenzkampf und eine unverwüstliche Gesundheit waren die Voraussetzungen zum Überleben. Nur wenige zeigten sich solchen Forderungen auf Dauer gewachsen. Meist schaffte erst die nächste oder übernächste Generation persönliche Sicherheit oder gar Erfolg.

Der Kontinent füllte sich, der Wettbewerb wurde härter, der Staat mußte Grenzen setzen. Endlich schien alles verfügbare und kultivierbare Land vergeben zu sein, denn 1,6 Millionen Siedler hatten 110 Millionen Hektar Ackerland zugesprochen bekommen. 1976 erst wurde das Homestead-Gesetz aufgehoben.

Noch aber blieben dem Staat riesige Waldflächen, ausgedehnte Prärien, Gebirge und Wüsten, jedoch auch Areale wahrscheinlicher reicher Bodenschätze sowie Naturschönheiten und Landschaften von zunehmendem Freizeit- und Touristikwert.

Dies hatten jedoch geschäftstüchtige Landspekulanten eher erkannt als staatliche Institutionen. Erst als besorgte Siedler Alarm schlugen, weil den attraktivsten Naturdenkmälern drohte von Profitjägern ausgebeutet und unwiederbringlich zerstört zu werden, entwickelte sich der Begriff des Naturschutzes.

1872 wurde mit dem unter strikten staatlichen Naturschutz gestellten Yellowstone-Gebiet der erste National Park Amerikas „as a public park or pleasuring ground for the benefit and enjoyment of the people" gegründet.

Diese Idee machte Schule, denn nicht nur in den USA wurden weitere 359 Naturschutzgebiete etabliert, sondern mehr als hundert Staaten der Erde folgten mit 1 200 Nationalparks diesem Beispiel.

Die National Parks

Das Nationalpark-System umfaßt heute eine noch immer zunehmende Anzahl von Schutzgebieten unterschiedlicher Art, Größe und Lokalisation. Nicht nur auf dem Kontinent der 48 zusammenhängenden Staaten und Alaska, sondern in Amerikanisch Samoa, Guam, Puerto Rico, Saipan und den Virgin Islands liegen große und einzigartige Schutzgebiete.
Man unterscheidet National Parks, National Monuments, National Seashores, National Lakeshores, National Rivers, National Historic Sites, National Memorials, Recreation Areas, Parkways.
Insgesamt wurden so bis heute mehr als 32 Mio. Hektar schutzwürdiger Gebiete dem 1916 gegründeten und dem Innenministerium angegliederten National-Park-Service zur Erhaltung und weiteren Entwicklung unterstellt. Hiermit wurde jegliche private oder geschäftliche Alleinnutzung für immer ausgeschlossen, der Erhalt für kommende Generationen gesichert.
Ein National Park ist ein größeres Gebiet Landes und/oder Wasserflächen mit national bedeutenden Naturschönheiten unterschiedlicher Art. Zur Zeit tragen 49 Gebiete diese Bezeichnung höchster Schutzwürdigkeit.

NATIONAL PARK SERVICE
Department of the Interior

Arches N.P.

Der Arches National Park, im Südosten des Staates Utah, liegt fast in seiner ganzen Ausdehung über einem mächtigen Salzstock, der für die vielen merkwürdig geformten Sandsteinfelsen und Steinbögen die Ursache ist. 100 Millionen Jahre Erosion haben in dieser rotgleißenden Landschaft über 1 500 heute katalogisierte Felsbögen entstehen lassen, deren Weite von einem bis zur schier unglaublichen Spanne von 93 m wie beim Landscape Arch reichen, der sich mit 32 m Höhe und nur 2 m Stärke über den Horizont wölbt. Alle Stadien der Entstehung dieser Naturwunder können hier gefunden werden, wie auch alle Verfallsformen. Viele sind noch nicht ganz durchgängig, andere bereits wieder zusammengebrochen und die Endpfeiler kaum noch zu erkennen.

Der Schönste von allen dürfte wohl der mit Recht Delicate Arch genannte Bogen sein, der sich vollkommen isoliert am Rande eines Canyons erhebt, durch dessen Weite die schneebedeckten Manti La Sal Mountains den leuchtenden Horizont bilden.
Aber auch die zahllosen Rotsandstein-Figuren, Steinsäulen, Monolithe und Steilwände sind höchst beeindruckend und in Formenreichtum und Skurrilität nahezu verwirrend. All dies entstand in einer Erdgeschichte, die 300 Mio. Jahre zurückreicht. Damals waren große Teile dieser Region von einem Binnenmeer bedeckt, welches später austrocknete. Das dabei zurückbleibende Salz setzte sich in mehrhundert Meter starker Mächtigkeit ab, überdeckt von nachfolgenden Erosionsablagerungen und neuen Sandschichten späterer Meeresperioden. Der Gewichtsdruck des Materials verdichtete die ursprünglichen Lockermassen zu Fels, das Salz jedoch zerbarst und verformte sich unter diesem Druck. Brüche, Faltungen und Umschichtungen waren die Folge. Vom Visitor Center aus kann man eine solche 750-m-Verschiebung in Form der Moab Falte erkennen.

Schönster von allen: der 26 m hohe Delicate Arch

◀ Landscape Arch

Balanced Rock, fast 40 m hoch ▶

In der Windows Section: der Double Arch

◀ und das North Window

Der Landscape Arch, mit 90 m Spannweite längster Natursteinbogen der Erde, verblüfft durch seine Grazilität

Evening Primrose, den Frühsommer kündend

Schmalbasig, aber 68 m hoch, ist The Organ ▶

Bryce Canyon N.P.

Im Süden des Staates Utah erstreckt sich in nordsüdlicher Richtung das über 3 000 m hohe Paunsaugunt-Plateau. Es ist die oberste, etwa 60 Mio. Jahre alte Schichtung des riesigen Colorado-Plateaus, wegen seiner auffällig roten Färbung Pink-Cliffs genannt. Tatsächlich aber handelt es sich hier nicht um einen wirklichen Canyon, sondern um ein steil abfallendes, 40 km langes Erosionsbecken, dessen erstaunliche Formationen im Bryce Canyon National Park bereits 1923 unter Naturschutz gestellt wurden. Entstanden ist dieses Areal, als fast das gesamte Gebiet des heutigen Südwestens von Utah durch eine gewaltige Liftung der Erdkruste bis etwa 4 000 m über den Meeresspiegel gehoben wurde. Die jetzt sichtbaren roten Formationen entstanden aus den sandigen Ablagerungen eines ausgedehnten Süßwasser-Binnenmeeres, welches im Tertiär während subtropischer Klimaperioden der Erde sich hier ausdehnte und schließlich durch die anhaltenden Geländehebungen verschwand.
Der Steilabfall des heute dramatisch erscheinenden Verwitterungsgebietes wird durch Regen, Schnee und die Sprengkraft des Eises ständig verändert. Nennenswerter Pflanzenwuchs kann daher nicht zustande kommen, zumal sich das Bergareal in 2 450 bis 2 800 m Höhe befindet.
Frühe Indianerkulturen, wie die Pueblo People, siedelten in den östlichen Wüstentälern, verschwanden aber nach 1200. Ihnen folgten die Paiute-Stämme, die das bizarre Felsareal „Rote Felsen, die wie Menschen stehen in einem schüsselförmigen Canyon" nannten. Auch Paunsaugunt ist eine Paiute-Bezeichnung und bedeutet „Heim des Bibers".
Die ersten Weißen erreichten 1776 dieses Gebiet, als die missionierenden spanischen Forscherpater Escalante und Dominguez eine Verbindung zwischen ihren Kirchengemeinden in New Mexico und Zentral-Kalifornien suchten. Seit 1874 siedelten dann einige Mormonen am Fuße der Abflußbäche, gaben aber nach wenigen Jahren auf. Einer von ihnen, Ebenezer Bryce, wurde namensgebend für den Park, aber auch unvergessen durch seine Bemerkung „It's a hell of a place to lose a cow".
Die Winter sind hart und halten den Schnee bis in die Sommermonate. Kühle Witterung ist ganzjährig zu erwarten, aber auch gleißender Sonnenschein aus tiefblauem Himmel, der dieses faszinierende Areal dann in eine Märchenlandschaft verwandelt, die jede Fantasie übertrifft.

Spätnachmittags am Sunset Point ▶

Thors Hammer, unterhalb Sunset Point

◀ Auf dem Navajo-Trail

Canyon-Blick nach Süden ▶

Canyonlands N.P.

Canyonlands, im Süden des Staates Utah, ist ein extremes Gebiet wüstenhafter Wildnis und Felsenlandschaften inmitten des Colorado-Plateaus.
Durch die in tiefen Schluchten liegenden Flußbetten des Colorado River und Green River, die hier zusammenfließen, wird das Gebiet aber nicht bewässert, sondern nur unterteilt in die Areale *The Maze* im Westen, *Islands in the Sky* im Norden und *The Needles* im Südosten.
Im äußersten Nordosten, nur wenig außerhalb der Parkgrenzen, liegt der sehenswerte Dead Horse Point State Park.
Das Colorado-Plateau hat eine Entstehungsgeschichte, die 300 Mio. Jahre zurückreicht. Sandsteinformationen der frühen Binnenmeere, Wind, Erosion, Fluten und wiederholte Perioden von verwerfenden Geländehebungen haben zahlreiche Schichtungen der oberen Erdkruste entstehen lassen. Dabei hat auch das aus dem Wasser auskristallisierte Salz eine bedeutende Rolle gespielt. Das beweisen seine fast 1 000 m starken 29 Schichten, die heute von 1 500 m Sand und Felsen überlagert sind.
Das Plateau, in das sich seit etwa 5 Mio. Jahren der Colorado und sein Hauptnebenfluß Green River landschaftsbildend einfrästen, hat hier eine durchschnittliche Höhe von 1 850 Meter; deutlich niedriger ist das Needles Areal mit ca. 1 500 Meter.
Island in the Sky bietet von der auf das Plateau zuführenden Straße viele ungewöhnliche Ausblicke, zunächst auf die White Rim Mesa, die ca. 365 m unterhalb des Betrachters liegt. Sie ist eine weiße Sandsteinbank, die sich bis an den Horizont verfolgen läßt. Auf der nächsten Geländestufe, weitere 300 m tiefer, liegt die jetzige Flußebene mit ihren steilen Canyonwänden.
Die *Needles-Region* umfaßt geologische Formationen ganz anderer und unterschiedlichster Art: Felstürme, Steinbögen, Canyons und bizarre Erosionsfiguren, eine Wunderwelt von Formen und Farben.
The Maze, als einziges Areal westlich von Colorado und Green River, ist der wildeste Teil von Canyonlands und bis auf einige Primitivpfade unerschlossen. Er wird beschrieben als „80 Quadratkilometer großes Felsenpuzzle aus Sandstein" und ist wohl die abgelegenste und unzugänglichste Gegend Amerikas.

Green River Overlook ▶

Manti La Sal Mountains und Church Rock

Ausblick auf den Buck Canyon

Dead Horse Point ▶▶

Colorado im Marble Canyon ▶

Capitol Reef N.P.

Im mittleren Süden des Staates Utah erstreckt sich in über 150 km Ausdehnung eine gigantische Faltung der Erdkruste, die bei der Entstehung des Colorado-Plateaus vor 65 Mio. Jahren aufgeworfen wurde. Sie wird Waterpocket Fold genannt, weil sich in den Bruchrinnen, Verwerfungen und späteren Verwitterungszonen Niederschläge fingen, die Tümpel aller Größen auffüllten. Das Klima ist heute jedoch vorwiegend arid, so daß die Kanten der gebrochenen Gesteinsschichten, die hier in wechselnder Farbfolge zutage treten, ihre vielförmigen Profile nur noch langsam verändern. Gleichwohl können bei den hochsommerlichen Gewitterstürmen gewaltige Mengen Felsmaterial und Sand durch die wild zerklüfteten Schluchten zu Tale stürzen.
Das Parkgelände begleitet mit seinen Grenzen fast die gesamte nordsüdliche Waterpocket Fold, eine parallel zu ihr führende Staubstraße ermöglicht faszinierende Einblicke in die hier offen liegenden geologischen Strukturen.
Bis 700 n. Chr. lassen sich frühe Kulturen, wie die Fremont-Indianer-Stämme, verfolgen, die aber um 1 200 n. Chr. abwanderten. Erst 1880, nachdem auch die Paiute-Indianer die Gegend vorübergehend bejagt hatten, siedelten wieder Menschen hier, diesmal die ersten Weißen, nämlich die Mormonen, die auf dem kargen Terrain lebenserhaltende Landwirtschaft zu betreiben versuchten. Jedoch brachten weder die Obstbaumkulturen noch der Maisanbau noch die Viehhaltung auf den schmalen Ufern des Fremont-Flusses, deren Reste heute noch bei Old Fruita nachempfunden werden können, keine ausreichende Existenzgrundlage, so daß die letzten Siedler Ende der 60er Jahre aufgaben. 1971 wurde der National Park im heutigen Umfang gegründet, nachdem schon seit 1937 ein kleineres Areal zum National Monument erklärt worden war.

Seit den Siedlerzeiten an Menschen gewöhnt, äsen die Rehe auch heute noch nahe dem Campingplatz ganz ohne Scheu

Im Cohab Canyon

Im Cathedral Valley stehen monumentale Felsformationen ▶

◀ The Castle thront wie eine wirkliche Burg gegenüber dem Visitor Center

Carlsbad Caverns N.P.

Im äußersten Südosten von New Mexico liegt die wohl großartigste Tropfsteinhöhle des amerikanischen Kontinents, nämlich der Carlsbad Caverns National Park. Über 50 miteinander verbundene Höhlenräume - der größte von ihnen, Big Room, mißt in der Länge unbeschreibliche 550 m und in der Höhe 80 m - mit einer unterirdischen Gesamtfläche von über 20 000 ha, vielgestaltigen Stalagmiten, Stalaktiten und Kleinformen sind ein staunenerregendes Naturwunder ohnegleichen.
Der Kalkstein, in dem die Höhle später entstand, wurde vor etwa 250 Mio. Jahren als Sediment aus Algen und Meerestieren eines Barriere-Riffs und dessen Lagune gebildet. Erosionsschutt späterer Erdzeitalter und Salzschichten überdeckten diese Kalklagen mit einer Mächtigkeit von bis zu 2 000 Metern.
Erst vor 65 Mio. Jahren begann die allmähliche Hebung des gesamten Westens, die Rocky Mountains und andere Gebirgszüge türmten sich auf und ließen die Binnenmeere auslaufen. Dieser Vorgang erreichte seinen Höhepunkt vor etwa 20 Mio. Jahren und hält, messtechnisch noch heute erfaßbar, weiterhin an. Während das Niederschlagswasser der letzten Jahrmillionen die verschiedenen Gesteinsschichten passierte, nahm es Kohlendioxid auf, welches das Wasser in Kohlensäure umwandelte. Diese wiederum drang in die Bruchrisse des Kalksteins ein und löste große Mengen desselben höhlenbildend heraus. Als erneute Liftungen innerhalb der Erdkruste das Areal aus dem tiefliegenden Grundwasserbereich hoben, konnten nachfließende Oberflächenwasser, auf ihrem Weg in die Tiefe stark mineralhaltig geworden, in den nun trockenen Höhlenräumen Tropfsteine von beachtlicher Größe entstehen lassen.
Das Höhlensystem erstreckt sich heute über eine begehbare Ausdehnung von ungefähr 5 km bis zu einer Tiefe von ca. 250 m unter dem 1 344 m hoch liegenden Eingang. Nahebei befindet sich die Bat Cave, eine ins Freie mündende Höhlenschale, an deren Decke und Wänden Hunderttausende von Fledermäusen nisten, die vom späten Frühling bis zum ersten Oktoberfrost täglich bei Abenddämmerung in Massen ausfliegen.

Formenreichtum und Farbenpracht sind unvergleichlich ▶

Crater Lake N.P.

Wenn der vielschichtige Begriff Naturwunder für irgendeine der hier geschilderten Landschaften besonders zutreffend ist, dann kann nur der riesige, tiefblaue Kratersee Crater Lake im südlichen Oregon gemeint sein.
Über 750 000 Jahre reicht seine Ursprungsgeschichte zurück, als sich das Kaskaden-Gebirge unter dem Druck der von Westen sich unterschiebenden pazifischen Erdkrustenplatte allmählich hob. Vor etwa 420 000 Jahren begann die damit verbundene vulkanische Aktivität, riesige Kratergebirge zu bilden, die sich nordsüdlich über eine Fläche von 1 000 km ausdehnten. Eines von ihnen, der später Mount Mazama genannte Vulkanberg, erreichte schließlich, wie sich errechnen ließ, eine Höhe von 3 600 m. Er setzt sich aus überlappenden Einzelvulkanen, deren Schichtung aus Lava, Asche, Schlacken und Felsbrocken anstehenden Gesteins bestand, zusammen.
Die Eiszeiten der letzten 100 000 Jahre schliffen manches davon wieder ab, aber die Eruptionstätigkeit hielt bis in geologisch jüngste Zeit fast unvermindert an.
Zu einem bis heute letzten, jedoch verheerenden explosionsartigen Ausbruch kam es schließlich vor 7 700 Jahren, wobei sich nach einer materialreichen Auswurfstätigkeit die unterliegende Magmakammer soweit entleerte, daß die Gipfelregion des Feuerberges in sich zusammenstürzte und eine schalenförmige, etwa 1 200 m tiefe Caldera entstehen ließ.
War anfänglich der Kraterboden noch heiß und von weiterer Aktivität, wobei das jetzige 230 m hohe Konusinselchen Wizard Island entstand, so füllte sich durch Regen und Schnee in den letzten 4 000 Jahren das nunmehr 7,2 x 9,6 km weite Kraterrund mit Wasser auf, für das es keinen Abfluß gab. Zufluß und Verdunstung halten sich die Waage, das Wasser ruht fast ohne Wärmekonvektion und ist von größter Reinheit, worauf seine fast unwirkliche tintenblaue Färbung beruht. Crater Lake ist mit 589 m der tiefste See der USA. Sein Wasserspiegel liegt 1 882 m über dem Meer und fluktuiert während eines Jahres um weniger als einen Meter.
Neueste Forschungen haben ergeben, daß sich am Seeboden mehrere Wärmequellen befinden, was ein deutlicher Hinweis darauf ist, daß viertausend Jahre Ruhepause nicht gleichbedeutend sind mit der schönen Annahme, der Vulkan sei für immer erloschen.

Nahe dem Westrand ragt das Phantom Ship aus dem Seespiegel ▶

Glasklar spiegelt der See die steilen Kraterwände ▶▶

Grand Canyon N.P.

Naturkenner sind sich in der Überzeugung einig, daß der Grand Canyon nicht nur seinen erhöhenden Namen verdient, sondern mit Recht als größtes Naturwunder der Erde gepriesen wird. Tatsächlich verblassen in der Wirklichkeit alle beschreibenden Worte vor der Großartigkeit, Unvergleichbarkeit und farbigen Faszination dieser Riesenschlucht.
Die Ausmaße des Canyons sind beträchtlich: Von Lee's Ferry bis zu den Grand Wash Cliffs am Eingang des Lake Mead sind es 443 km, seine Breite schwankt immerhin zwischen 180 m und 30 km - im Durchschnitt sind es 16 km - und seine mittlere Tiefe vom 2 150 m hohem Südrand aus gemessen, beträgt 1 600 Meter. Der Nordrand liegt weitere 300 m höher.
So nimmt es nicht Wunder, daß der in der Tiefe scheinbar kleine Colorado River, der sich in ca. 6 Millionen Jahren in das Plateau eingegraben hat, ebenfalls mit eindrucksvollen Zahlen aufwarten kann. Von seinen Quellwässern in den Rocky Mountains von Colorado bis zur Mündung in den Golf von Kalifornien mißt er 2 350 km. Seine durchschnittliche Breite innerhalb des Canyons beträgt 90 m und seine Tiefe zwischen 10 und 30 m. Seine Fließgeschwindigkeit variiert, je nach Wetterbedingung, zwischen 4 bis 20 Stundenkilometer. Gewaltig sind dann auch die Transportkräfte des Stromes. Schwere Felsen werden mühelos entlanggewälzt und bis zu 100 000 Tonnen Gesteinsmaterial täglich flußabwärts befördert. Auf seinem 170 km langen, windungsreichen Verlauf innerhalb des National Parks stürzen seine Wasser über mehr als 300 Stromschnellen hinab, mit einem Gefälle von insgesamt 670 Metern.
Aber nicht allein der Colorado River hat den Grand Canyon in seiner jetzigen Form entstehen lassen. In erheblichem Ausmaße waren hier von Anfang an die gewaltigen Kräfte der Verwitterung und Erosion wirksam. Hohe jahreszeitliche Temperaturunterschiede mit klirrenden Winterfrösten, die felsensprengende Kraft des Eises, die subtropischen Sommermonate mit ihren brachialen Gewitterstürmen und schließlich die täglichen Temperatursprünge zwischen Tag und Nacht brechen auch härtestes Gestein in unerbittlicher zeitlicher Konsequenz.
Die Entstehung des Grand Canyon reicht etwa 65 Mio. Jahre zurück und ist bis heute, trotz 100jähriger Forschungen, keineswegs völlig geklärt. Vor allem sind die Geologen nicht einer Meinung darüber, warum aus der Erhebung des Colorado Plateaus nur ein einziger Flußlauf, der des Colorado Rivers, auf der riesigen Landmasse entstand. Aufschluß über die Urgeschichte geben die durch den Fluß freigelegten 40 Gesteinsschichten, deren unterste über 2 Milliarden Jahre zählt, was beinahe dem halben Erdalter entspricht.
Den Grand Canyon erleben heißt für den Touristen vorwiegend, ihn vom Südrand aus einzusehen. Dieser ist gut erreichbar und bietet mit seinen zahlreichen Aussichtskanzeln die besten Einblicke. Außerdem hat man die Sonne fast ganztägig im Rücken. Der Nordrand, mit einem weitaus rauherem Klima und durchschnittlich nur 15 km Luftlinie entfernt, ist erst über eine 345 km lange Staubstraße erreichbar.

Niederblick bei Desert View ▶

Bei Sonnenuntergang am Mather Point ▶▶

Wenig Platz bleibt dem reißenden ▶ Colorado-River zwischen den winkligen Felswänden

Gemäßigtes Wüstenklima herrscht in den unteren Canyon-Regionen

Senkrecht stehen die Rotsandsteinwände im Monument Creek, einem der Seitencanyons

◀ An klaren Tagen scheint der Nordrand greifbar nahe

Am Mohave Point ▶

Auch der Little Colorado ▶▶ ist steilwandig eingeschluchtet

Magisch wird das Licht am Spätnachmittag

Grand Teton N.P.

Wer die Rocky Mountains durchfährt, wird sich immer wieder wundern, daß die Berggipfel, obwohl über 4 000 Meter hoch, nicht annähernd jenen scharfzackig hochalpinen Charakter zeigen, den der Europäer gewöhnt ist. Grund hierfür sind die vielen Eiszeiten der letzten hunderttausend Jahre, deren Gletscher die Gipfel rundgeschliffen und weite U-förmige Täler ausgeschürft haben.

Eine optisch erfreuliche Ausnahme machen die spitzen Gipfel der im Nordosten des Staates Wyoming liegenden Grand-Teton-Gruppe, deren höchste Spitze immerhin stolze 4 197 m erreicht. Schon allein deshalb lohnt sich die Fahrt zu dieser Hochlandschaft aus blauen Bergseen, Moränenzügen und dem in malerischen Schwüngen die Geröllebene durchziehenden Snake River. Dies alles bietet sich dem Besucher in der klaren Luft und dem angenehmen Klima einer 2 100-m-Höhenlage. Wo immer man sich in diesem 1 256 km^2 großen Park befindet und wohin man sich wendet, ist man beeindruckt von der stimmungsreichen Felskulisse über ausgedehnter Seenlandschaft und blaugrün schimmernden Beifußmatten, die während des langen Frühsommers mit einem Flor von Wildblumen durchwoben sind.

Bis diese heutige Naturschönheit entstanden war, hat es wiederum sehr lange gedauert. Die ältesten Felsschichten datieren 2,5 Mrd. Jahre zurück. Dennoch zählt die Grand Teton Range zu den jüngsten Gebirgsbildungen des amerikanischen Westens, die alle durch eine gigantische, über Jahrmillionen anhaltende Liftung der Erdkruste entlang einem parallel verlaufendes Faltensystem emporgepreßt wurden. Nur deren höchste Bergspitzen wurden von den Eiszeit-Gletschermassen nicht völlig begraben, weshalb sie ihre kühnen Pyramidenformen noch steilflankig emporrecken.

Die Grand Teton-Gruppe von Osten ... ... und von Westen ▶

Great Smoky Mountains N.P.

Diese ausgedehnte Höhenlandschaft im Osten des Kontinents, anteilig in den Staaten North Carolina und Tennessee liegend, gehört zu den geologisch ältesten Formationen der Erde. Schon vor 500 Mio. Jahren begann ein Hebungsprozeß, der Gesteinsformationen aus den Urzeiten der Erde umwälzte. Das heutige Oberflächengestein ist bis zu 2 Mrd. Jahre alt, jedoch weitgehend überlagert von einer starken Schicht fruchtbaren Humus, der sich in Jahrmillionen feuchtwarmer Klimaperioden gebildet hat.

Auf den scheinbar unendlich sich dahinziehenden, rundlichen Bergkuppen entstand bei einem milden Klima daher eine üppige Artenvielfalt an Pflanzen, Bäumen und Tieren, die in Amerika keinen Vergleich hat. Allein 130 Baumarten, etwa 45 mehr als in ganz Westeuropa, gedeihen hier zu besonderen Größen. Tulpenbäume erreichen eine Höhe von 60 m, Eichen 30 m, Kastanien 45 m. Über 1 400 Arten von Sträuchern und blühenden Niederhölzern, 350 verschiedene Moose und ca. 2 000 Arten von Pilzen und Schwämmen gedeihen in den feuchten Wäldern, deren Hügelketten sich bis knapp über 2 000 m hinaufziehen.

250 Vogelarten, viele davon aus dem subtropischen Süden eingewandert, leben hier ständig oder jahreszeitlich, wie auch unzählige Schmetterlinge. Neben Reptilien und Amphibien sind fast alle Tierarten begünstigt von den Bedingungen dieses Lebensraumes. Vom Kleinstnager bis zum Schwarzbären herrscht deshalb eine dichte Population und Wettbewerbsgesellschaft. Mit Ausnahme reiner Wüstentiere findet sich hier jede Art, die auf dem amerikanischen Kontinent vorkommt, vor allem aber Schwarzbären.

Der Schwarzbär hat hier seit Jahrtausenden sein Auskommen ▶

Fast immer wolkenverhangen und namensgebend für den Park ▶▶

Artenreicher Laubwald, alle Horizonte füllend

Kings Canyon N.P.

General Grant Tree,
zweitgrößter Baum der Erde

Der Kings Canyon ist eines der kleineren Schutzgebiete des National Park Service, was seine Fläche beträgt. Um so eindrucksvoller dagegen ist seine vertikale Ausdehnung. So beträgt der Höhenunterschied zwischen dem tief eingeschluchteten Kings River und dem 3 055 m hohen Spanish Mountain, einem Hochgipfel der benachbarten Sierra Nevada, 2 405 m. Das ist einmalig auf dem ganzen Kontinent. Damit ist der Kings Canyon der tiefste Canyon Amerikas.
Entsprechend dramatisch ist die gesamte Szenerie des Parks: wild, entlegen und von steiler Unwegsamkeit. Gerade deshalb aber beeindruckt dieses einzigartige Naturareal.
Eine weitere Attraktion des Parks sind die urigen Bestände an Riesenmammutbäumen (Sequoiadendron giganteum). Sie sind die größten Lebewesen überhaupt. Vor allem in der Grant Grove stehen mächtige Exemplare dieser Spezies. Einer von ihnen ist der zweitgrößte Baum der Erde, genannt General Grant Tree. Sein Alter dürfte bei über 3 000 Jahren liegen. Allein das Gewicht seines Stammes wurde auf über 1 000 Tonnen berechnet, und seine Höhe beträgt derzeit 82 Meter. Einem solchen Baum gegenüberzustehen ist tatsächlich ein überwältigendes Erlebnis.

Der Canyon ist 2 405 m tief ▶

Lassen Volcanic N.P.

Die vom mittleren Kalifornien bis über die Grenze Kanadas nach Norden hin verlaufende Cascade Range ist eine Kette von Vulkangebirgen, deren Entstehung mit der sich unter den westlichen Kontinent schiebenden pazifischen Platte zusammenhängt.
Der 3 187 m hohe Lassen Peak ist der südlichste dieser Vulkane und zugleich der noch in jüngster Zeit aktivste.
Obwohl der Urvulkan, der wohl über 4 000 m hoch gewesene Mount Tehama, schon vor 11 000 Jahren nach gewaltigen Materialauswürfen, ähnlich dem Mount Mazama von Crater Lake (siehe auch dort), in sich zusammenbrach und einen riesigen Krater hinterließ, hielt der aktive Vulkanismus doch bis heute an.
Nach einer von zahllosen Erdbeben begleiteten Ruhepause erwachte der Berg 1914 zu neuer Aktivität, die mit 289 intermittierenden Ausbrüchen bis 1921 anhielt. Ihre höchste Intensität erreichte die Eruptionstätigkeit, als am 22. Mai 1915 die hohe Schneelage der Gipfelregion plötzlich eingeschmolzen wurde und als kochende Schlammlawine die Bergflanken hinunterschoß. Dabei stieg eine mit feurigem Material beladene Explosionswolke bis in 11 km Höhe in die Stratosphäre. Als am gleichen Tag auch noch die riesige Lavastaukuppe über dem oberen Teil des Vulkanschlotes zerbarst, rissen die über 1 000 Grad heißen Gasmassen und darin suspendierte, glühende Lavateilchen an den Vulkanhängen in Sekundenschnelle alles zu Tal und jede lebende Materie in den Tod.
Zurück blieb die Devastated Area, noch heute eindrucksvoller Schauplatz vulkanischer Urgewalt, nur 15 km vom Nordeingang des Parks entfernt, direkt an der windungsreichen Aussichtsstraße.
Aber nicht nur die jetzige Kraterregion selbst, zu der man über einen wilden Schuttkegel von Lavabomben, Gesteinstrümmern und Aschenlagen aufsteigen kann, ist eine herausfordernde Faszination, sondern auch das weit umliegende Land ist ebenfalls so lehrreich wie ungewöhnlich, ein offenes Buch über Vulkanismus. Riesige Schlackenberge, mächtige Lavaflüsse, ausgeworfene Felsklötze und schartige Krateröffnungen lassen ebenso nachdenken über die gewaltigen Kräfte der Erde wie die fauchenden Schwefelfumarolen und Heißwasseraustritte an den Flanken des Vulkans.
Sehr reizvoll ist auch, vor allem im Frühsommer, die reiche, üppig blühende Flora des Berges, dessen Aschenlagen und feuchtes Klima große Fruchtbarkeit bedeuten.
Die durch das Vulkangebirge, das bereits 1916 als Nationalpark etabliert wurde, führende und den Gipfel umrundende Parkstraße von 46 km Länge steigt bis 2 256 m an und ist meist aufgrund der hohen Schneelagen von November bis Juni geschlossen.

Am Manzanita Lake, 8 km vom Krater entfernt, stehen noch die beim Ausbruch von 1915 niedergemähten Bäume ▸

Mount Rainier N.P.

Mount Rainier, einer der schönsten Berge Amerikas, liegt im nördlichen Bereich der Vulkankette des Kaskadengebirges, welches sich vom mittleren Kalifornien nordwärts bis jenseits der kanadischen Grenze erstreckt. Mit seiner gleißenden Gletscherschneekappe reicht er bis 4 392 m hinauf und beherrscht damit die weiten Horizonte von Washington, dem nordwestlichsten Staat Amerikas.
Der Beginn seiner Entstehung liegt über 1 Mio. Jahre zurück, als im Gefolge der tektonischen Liftung des Westens durch die sich unterschiebende pazifische Erdkrustenplatte anhaltender Vulkanismus die Kontinentalränder durchdrang. Langzeitige Abfolgen von Explosivausbrüchen und Lavaflüssen ließen einen Schichtvulkanberg entstehen, der sich im Laufe der Zeiten bis über 5 000 m aufgetürmt haben dürfte. In den letzten Jahrtausenden führte eine nachlassende Häufigkeit der Ausbrüche, die gleichwohl von erheblicher Intensität blieben, zu substanzmindernden Veränderungen der Gipfelregion, die zusätzlich durch Abgang von Schlamm- und Gesteinsmuren kleiner wurde.
Die letzten größeren Ausbrüche ereigneten sich erst vor ca. 2 000 Jahren, einige weniger heftige aber auch noch 1820, 1854 und 1963. Dies zeigt deutlich, daß der gletschergekrönte Vulkan keineswegs als erloschen gelten kann, sondern sich lediglich in einer vorübergehenden Ruhephase befindet. Darauf deuten auch die oft sichtbaren Dampfwölkchen hin sowie die seit der Erstbesteigung im Jahre 1870 bekannten warmen Eishöhlen am Gipfel, die von heißen vulkanischen Gasen aus dem Gletscher herausgeschmolzen wurden.

Von Sunrise Point in 1 950 m Höhe bietet sich zu jeder Tageszeit der beste Ausblick auf Gipfelregion und Gletscher

Am abendlichen Lagerfeuer halten Park-Ranger täglich
Vorträge über spezielle Naturthemen

Der Gipfel von
Paradise Point ▶

Avalanche Lily

Golden mantled Ground Squirrel

Indian Paintbrush

Petrified Forest N.P.

Im Nordosten von Arizona weitet sich eine Wüstenlandschaft von besonders öder Leere. Es ist kaum vorstellbar, daß hier je etwas gewachsen sein könnte. Dennoch wurden vor etwa 150 Jahren versteinerte Baumstämme gefunden, die vor Jahrmillionen hier zu beachtlichen Maßen gediehen sein mußten.
Tatsächlich befand sich vor 200 Mio. Jahren westlich davon ein riesiges Binnenmeer, zu dem die mäanderförmig verlaufenden Ströme der Hochländer Erosionsschutt und biologischen Abraum verfrachteten. Viele der abgestorbenen oder fortgerissenen Bäume wurden von den Schlammströmen derart hoch überdeckt, daß ihr Holz mangels Luftzufuhr nicht verrotten konnte. Im Laufe der Jahrmillionen trat Siliziumdioxid in die Zellen der Bäume ein und kristallisierte in ihnen strukturerhaltend aus. Gelöste Mineralien und Metallsalzspuren ließen dabei herrlich harmonierende Farbzonen entstehen. Erst als während der letzten Jahrmillionen die überlagernden, bis zu 1 800 m hohen Schutthalden und Sumpflagen durch stetige Erosion abgeräumt waren, traten schließlich die versteinerten Baumriesen, vorwiegend Araukarien, wieder zutage, ein Vorgang, der sich noch heute, unter den Augen der Besucher, fortsetzt.
Im nördlichen Teil des Parks liegt das farbenreiche Areal der Painted Desert, einer Wüstenregion mit alternierenden Lagen von Lehm, Sand und Vulkangestein, die eine Fundgrube für Fossilien sind, von Mikroorganismen bis zum Dinosaurier. Aus ihren Arten läßt sich zuverlässig auf Alter und Klima ihres Entstehungsortes schließen.

Erst im Schliff offenbart sich die vielfarbige Schönheit

Täglich schreitet die Erosion fort ...

Tree Arch, ein Kuriosum ▶

und wird die balancierenden Stämme ein zweites Mal fällen

Redwood N.P.

Eine der ersten Delikatessen für den Naturfreund auf jeder Fahrt entlang der Pazifikküste ist der über Nordkalifornien bis ins südliche Oregon sich ausdehnende Bereich der Küsten-Sequoias oder Coast Redwoods (Sequoia sempervirens).
Diese früher über fast die ganze Erde verbreitete Baumart zeichnet sich durch eine Reihe ungewöhnlicher Eigenschaften aus: Das Holz ist von wunderbar warmroter Tönung, großer Dichte und Festigkeit, dabei von schlichter Maserung. Die Dezimeter dicke Rinde macht die Bäume ebenso waldbrandfest wie resistent gegen alle möglichen Schädlinge. Aber all dies wird noch übertroffen von der Größe ihres Wuchses und der Lebenserwartung der Bäume. Sie werden bis über 2 000 Jahre alt und stellen die höchsten Bäume unserer Erde dar. Das bisher größte, in der Tall Trees Grove bei Orick, Kalifornien, gefundene Exemplar erreicht 112 Meter, das ist zweieinhalbmal so hoch wie die amerikanische Freiheitsstatue in New York.
Entdeckt wurden diese einzigartigen Baumbestände erst vor rund 200 Jahren, als der Naturforscher Fra Juan Crespi sie als „palo colorado", Rotbaum, beschrieb. Erst 1847, nach längeren wissenschaftlichen Meinungsdifferenzen über Art und Familie dieser Bäume, wurde ihnen ein endgültiger Name zugeteilt. In Ehrung des kulturschöpferischen Cherokee-Indianers Se-quo-yah wurden sie Sequoia genannt, auch Redwoods, lat. Sequoia sempervirens. Ihre nahen Verwandten in der Sierra Nevada (siehe dort), die Riesenmammutbäume, hingegen Sequoiadendron giganteum. Beide Arten sind immergrün. Eine dritte Spezies wurde erst 1940 in Südchina entdeckt, Sequoia glyptostroboides, im englischen Dawn Redwood genannt.
Die hauptsächlichen Vorkommen der Küsten-Sequoia liegen entlang der Pazifikküste, nicht weiter als 50 km von dieser entfernt. Nur hier bietet sich ihnen heute noch das in früheren Erdzeitaltern weit verbreitete feuchtgemäßigte Klima. Ursprünglich bedeckten diese Bäume eine Fläche von ca. über 800 000 ha. Das änderte sich schlagartig, als die Baumbestände durch unkontrolliertes Fällen stark reduziert wurden. Die Entwicklung technisch rationellerer Methoden und der damit verbundene Raubbau, der jahrzehntelang betrieben wurde, führten schließlich dazu, daß von den einst unerschöpflich erscheinenden Baumbeständen heute gerade noch 4 % vorhanden sind. Hätten Bürgerinitiativen, Naturschützer und Forstwissenschaftler nicht Schlimmeres verhütet, wären diese einzigartigen Bäume heute nicht mehr existent.
1968 wurde, nachdem Kalifornien schon weite Gebiete unter Staatsschutz gestellt hatte, durch den amerikanischen Kongreß der Redwoods Nationalpark geschaffen. Bis heute sind viele private und gesellschaftliche Spenden und Stiftungen hinzugekommen, die nicht nur den Erhalt großartiger Baumbestände sichern, sondern durch Schaffung von Parkbuchten, Lehrpfaden und idyllisch eingebetteten Campingplätzen die lehrreiche Erbauung heutiger Besucher und zukünftiger Generationen ermöglichen.

Besonders schöne Redwood-Exemplare finden sich in der Stout Grove ▶

Die Hirschherden von Prairie Creek

Am Eel River stehen die ausgedehntesten Redwood-Haine ▶

Harmonie von Alter und Schönheit

Rocky Mountain N.P.

Die weiße Bergziege (Mountain Goat) ist absolut schwindelfrei

Die vielen Viertausender tragen auch im Hochsommer hübsche Schneekronen ▶▶

Der idyllische Dream Lake ▶

Im Norden des Staates Colorado steigen die Gipfel der Rocky Mountains, auch Rückgrat Amerikas genannt, zu durchschnittlich 4 000 m auf. In südlicher Richtung durchzieht die Great Continental Divide das einsame Hochgebirge und läßt die Wasser nach Osten in den Golf von Mexico fließen, während westlich der Divide alle Flüsse dem Pazifik zueilen.

Bereits im Jahre 1915 wurden die erhabensten Alpinregionen zum Rocky Mountain National Park erklärt und seither durch den Bau einer kühnen Hochstraße, der bis 3 713 m ansteigenden und 80 km langen Trail Ridge Road, sowie zahlreiche Gebirgs- und Wanderpfade erschlossen. Die vielen Parkbuchten an der kurvenreichen, aber trotz lebhaften Verkehrs leicht zu befahrenden Höhenstraße bieten großartige Ausblicke auf die umliegenden Gipfelketten.

Dennoch wird manch europäischer Tourist die oft dramatisch gezackten Gebirgsformen der Alpen vermissen, denn fast alle Gipfel der Rockies sind durch Eiszeitgletscher zu rundlichen Kuppen abgeschliffen. Dies mindert jedoch nur wenig ihren hochalpinen Charakter und den befreienden Eindruck ihrer hohen Horizonte.

Sequoia N.P.

Die Sierra Nevada durchzieht den Osten von Kalifornien und bildet mit ihren eisgekrönten Gipfeln nicht nur einen der schönsten Gebirgszüge Amerikas, sondern stellt mit dem 4 418 m hohen Mount Whitney auch den höchsten Berg der 48 zusammenhängenden Staaten des Kontinents. Durch seine aus den westlichen Tiefebenen San Joaquin Valley und Sacramento Valley vom Pazifik her zuströmenden, feuchtwarmen Winde kommt es auf den Gebirgsflanken zu hohen Niederschlagsmengen, die üppigen Waldwuchs in den höheren Lagen und große Fruchtbarkeit in den gut bewässerten Niederungen mit sich bringen.

Snowplant, ein bildhübscher Schmarotzer

Unter den vielen Baumarten ragt eine Spezies hervor, die nirgend sonst auf der Welt noch gedeiht und die größte von den drei bekannten Sequoia-Arten ist, nämlich der Riesenmammutbaum. In Englisch Big Tree, lateinisch Sequoiadendron giganteum genannt, ist er das größte Lebewesen überhaupt. Sein Alter überschreitet zwar selten 3 000 Jahre, aber sein Stamm ist von wirklich gewaltigen Ausmaßen: Auf 1 358 Tonnen, ohne die erst in 50 m Höhe entspringenden baumstarken Äste, wurde das Gewicht des 83,5 m hohen General Sherman Tree, des größten von allen, berechnet. Sein Umfang an der Basis beträgt 31,3 Meter. Dabei ist seine ihn vor Waldbrand und Schädlingen aller Art schützende Rinde 80 cm stark. Verwunderlich ist auch, daß ein solch gigantisches Lebewesen sich durch Samen vermehrt, die nur stecknadelkopfgroß sind, dafür allerdings in einer Menge von 1 000 000 pro Jahr ausgeworfen werden.
Benannt wurde diese unvergleichliche Baumart, die nur in 1 200 bis 2 400 m Höhe gedeiht, nach dem Halbblut-Cherokee-Indianer Se-quo-yah, der 1809 bis 1821 durch Erarbeitung eines Lautbuchstaben-Alphabets als Kulturschöpfer berühmt wurde. Ein ausgedehnter Rundgang durch die vielen Haine besonders alter und dennoch gesundheitsstrotzender Urbäume ist ein wahrhaft erhebendes und unvergleichliches Erlebnis.

The Senate, ▶ einer der besten Sequoia-Stände des National Parks

Shenandoah N.P.

Im Norden des Staates Virginia, beidseits entlang des Rückens des bis zu 2 000 m hohen Appalachen-Gebirges, liegt der Shenandoah-Nationalpark, dessen waldreiche Bergkuppen von einer 170 m langen Aussichtsstraße, dem Skyline Drive Parkway, überschaut werden können. Zahlreiche Parkbuchten, Picknickareale und Campingplätze erschließen eine schier unerschöpflich scheinende Ferienlandschaft, die nicht nur den ausgesprochenen Waldfreund anspricht, sondern für Naturliebhaber schlechthin Verheißung und Erfüllung darstellt. Der üppige Artenreichtum an Bäumen, Sträuchern und Wildblumen, die reiche Tierwelt, vom Kleinnager bis zum Schwarzbären, die über 200 Vogelarten sowie die zahlreichen Bäche, Wasserfälle und Flüsse, die jederzeit auf kurzen Strecken von der hervorragend trassierten und gepflegten Parkstraße erreichbar sind, gewährleisten ein Optimum an Naturgenuß und Urlaubsvergnügen. Vor allem im Herbst ist dieser Park eine Farbensymphonie.
Entlang der Straßenführung stehen gut sichtbare Meilensteine, deren Entfernungsangaben sich auf den nördlichen Parkeingang bei Front Royal beziehen, dort beginnen, in südlicher Richtung ansteigen und einem ausführlichen Faltblatt der Nationalparkverwaltung entsprechen.

Vom Skyline Drive sieht man beidseits weit über Hügel und Täler

Yellowstone N.P.

Mit dem im Nordosten des Bundesstaates Wyoming ausgegrenzten Gebiet hydrothermaler Vulkanismuserscheinungen, dem heutigen Yellowstone-Reservat, begann die gesamte Naturschutzgeschichte der Erde.
Schon 1807 und wiederholt im Laufe der folgenden Jahrzehnte waren Fallensteller und Prospektoren bei ihren Streifzügen auf heiße Quellen, Geysire und Fumarolen gestoßen. Ihre begeisterten Schilderungen dieser ungewöhnlichen Naturerscheinungen wurden jedoch lange als fantastisches Jägerlatein verworfen. Erst 1870 bestätigte eine staatlich unterstützte Expedition die außerordentlichen Phänomene, so daß bereits 1872 der erste Nationalpark „for the benefit and enjoyment of the people" gegründet wurde. Damit wurde eine kommerzielle Ausbeutung der geothermalen Ressourcen, des reichen Wildbestandes und der Wälder ausgeschlossen.
Yellowstone N.P., durchschnittlich über 2 200 m hoch gelegen, ist in der Tat eine vulkanologische Fabellandschaft, deren Ansammlung praktisch aller bekannten Phänomene einzigartig in der Welt ist.

Bisons trifft man überall im Park

Clepsydra-Geysir ▶

Tower Falls, 40 m hoch

Am Yellowstone Lake

Wapiti-Hirsche können überall gut äsen

Entstanden ist dies alles schon vor über 2 Mio. Jahren, als sich eine riesige Magmakammer innerhalb der hier sehr dünnen Erdkruste nach außen entlud, zu einer Caldera kollabierte und von nachdrängendem Magma später zum Teil aufgefüllt wurde. Oberflächenwässer, die in die zerklüfteten Vulkangesteine absinken, werden weit über den Siedepunkt erhitzt und treten als Dampfquellen, Geysire und in kochenden Schlammtümpeln wieder zutage.
In einem starken Kontrast hierzu stehen die vielen eiskalten Quellflüsse, Gebirgsbäche, klargrünen Wasserfälle und Seen des Parks. Der Wildreichtum ist auch heute noch beachtlich und für den Naturfreund ein weiterer Anlaß, dieses herrliche Reservat zu besuchen: Rehe, Hirsche, Elche und Schwarzbären, aber auch Grizzlies können dort fast täglich in ihrem natürlichen Lebensraum beobachtet werden, eine wunderbare Erfahrung in dieser heute weithin entgleisenden Umwelt.
Alle interessanten Bereiche sind von einem sinnvoll angelegten Straßensystem aus zugänglich, zahllose Parkbuchten, Großraumplätze, Lehrpfade und Holzstege ermöglichen es dem Besucher, die einzigartigen Naturphänomene eingehend aus der Nähe zu erleben und verstehen.

Der Grand Geysir erreicht oft eine Höhe von 50 m

Die Minerva Sinterterrassen liegen
◀ im Norden des Parks bei Mammoth

Im Norris Geysir Basin faucht es aus vielen Löchern

Die zarten Farben des Turquoise Lake bezaubern

Bisonherden kann man täglich begegnen

Am Firehole River ▶

Yosemite N.P.

Im mittleren Kalifornien und recht in der Mitte der hochalpinen Sierra Nevada liegt eines der landschaftlich großartigsten Naturreservate Amerikas, der Yosemite National Park. Der eigentliche Mittelpunkt des Parks ist ein 1 200 m hoch liegendes, V-förmig von den Eiszeitgletschern ausgeschürftes Gebirgstal, an dessen Rändern die Wände gewaltiger Granitklötze beinahe senkrecht aufsteigen, manche sogar in einer Linie um 1 000 Meter.
Der bekannteste von ihnen ist der El Capitan, der sich 940 m vertikal aus dem Talboden erhebt und mit insgesamt 2 146 m als größter Monolith der Erde angesehen wird. Aber auch die anderen das Hochtal säumenden Felsriesen stehen ihm wenig an Höhe und ungewöhnlichen Formen nach. Vor allem aber sind die von ihren Höhen herabstürzenden Wasserfälle eine Sehenswürdigkeit besonderer Art, unter ihnen der dreifach unterteilte Yosemite Fall, mit 739 m der höchste Wasserfall Amerikas. Stets im Blickfeld ist der sich 2 695 m erhebende Half Dome, dessen charakteristische Halbrundkuppel talseits abgeschliffen scheint. Besondere Reize verleiht der grünklare Merced River mit seinem mäanderförmigen Verlauf dem Hochtal, das durch viele Baumarten und Wildblumen in fast jeder Jahreszeit eine unerschöpfliche Urlaubslandschaft bietet. Neben dem berühmten Yosemite Valley, das infolge relativer Nähe der Großstädte Los Angeles, San Francisco und Fresno an Wochenenden und in der Hochsaison hoffnungslos überlaufen ist, hat der Park aber noch eine Hochregion zwischen 2 800 und

Yellow bellied Marmot-
Murmeltier

3000 m, mit glattflächig aufragenden Bergkuppen bis nahe 4 000 m, schillernden Bergseen und faszinierenden Weitblicken entlang der Tioga Road auf dem Sierra-Rükken. Im Nordosten des Parks findet sich sogar ein 3 743 m hoher Matterhorn Peak. Eine weitere Attraktion des Yosemite N.P. sind die uralten Bestände von Riesenmammutbäumen (Sequoiadendron giganteum) in drei verschiedenen Hainen. Der großartigste von ihnen, Mariposa Grove, liegt nahe dem Südeingang in ca. 2 000 m Höhe. Der älteste dort noch in voller Kraft stehende Baum, den man Grizzly Tree nennt, wird auf 2 700 Jahre geschätzt. Den freiesten Blick auf das Areal bietet der nur im Sommer, über eine 56 km sich emporwindende Alpinstraße, zugängliche Glacier Point in 2 199 m Höhe. Hier steht man atemlos über dem 1 000 m tiefer liegenden, malerischen Yosemite Valley und überschaut die weiten Gipfelregionen der schneebedeckten Sierra Nevada.

El Capitan,
größter Granitfels der Erde ▶

Happy Isles, Ausgangspunkt zu den schönsten Wanderungen

Der 97 m hohe Vernal Fall des Merced River ▶

Rundblick vom 2 200 m hohen Glacier Point

Uralte Riesen-Mammutbäume bei Mariposa Grove

Am 3 000 m hohen Tioga Lake währt der Winter 10 Monate

Der Tenaya Lake ist eingebettet zwischen Granit-Domen

Yosemite-Fall, 739 m ▶

Der Vernal Fall des Merced River

Zion N.P.

Im Südosten des Staates Utah liegt der majestätische Zion N.P. mit seinen beidseits des Canyon-Bodens sich fast senkrecht erhebenden Rotsandstein-Felsen. In etwa 1 250 m Höhe, vom Ufer des wilden Virgin River, der sich in über 13 Mio. Jahren in das farbenprächtige Sedimentgestein eingegraben hat, erscheinen die bis 900 m hohen Klötze wie mutwillig verstreutes Riesenspielzeug oder, wie die frühen Mormonensiedler glaubten, waren Zeichen göttlichen Schöpfungswaltens. Die den Gipfeln damals gegebenen Namen, wie Angels Landing, Great White Throne oder Temple Of Sinawava, die sich erhalten haben, zeigen deutlich die christliche Verehrung dieser gewaltigen Natursymbole.
Der Park hat zwei über getrennte Eingänge erreichbare Schwerpunkte: Den Kolob Canyon im Nordwesten sowie den Zion Canyon, der die vielseitigsten und daher sehenswertesten Einblicke in Form und Größe dieses ungewöhnlichen Reservates bietet. Die Höhepunkte einer Fahrt über den Südosteingang auf dem Zion Mount Carmel Highway und entlang dem Zion Canyon am Fremont River haben einen sehr verschiedenen Charakter und sind gleichermaßen bewundernswert.

Canyon Overlook

The Patriarch am Virgin River ▶

◀ Bei
The Narrows
stehen alle
Felswände
senkrecht

The
Watchman
1 995 m ▶

Die National Monuments

sind Reservate von gewöhnlich kleinerem Umfang als die Nationalparks und müssen nicht, wie letztere, über eine Mehrzahl von ungewöhnlichen und erhaltungswürdigen Naturphänomenen verfügen, jedoch sich durch landschaftliche Reize, Einmaligkeit, lehrreichen Charakter oder großen Erholungswert auszeichnen.
Fließend sind dann die Übergänge zu anderen Freizeitgebieten, die vorwiegend der Entspannung, dem Wandern, Angeln und Wassersport oder Urlaubsvergnügen dienen können, wie National Seashores, Lakeshores, Forests und Riverways.

Der Grizzly-Bär ist zwar meist scheu, aber unberechenbar — Foto: Terry Willis

Canyon de Chelly N.M.

Wenn es einen in der öffentlichen Aufmerksamkeit Europas unterrepräsentierten Naturpark in den USA gibt, dann ist es wohl der Canyon de Chelly. Zwar ist er von den bevorzugten Touristen-Routen ziemlich weit östlich abgelegen, daher nur mit zusätzlichem Zeitaufwand zu bewältigen, jedoch in seinem Gesamtcharakter wie in den vielseitigen Details von so außerordentlicher Eindrücklichkeit, daß sich schwer eine vergleichende Beschreibung denken läßt, die ihn nicht in die allererste Kategorie einordnen würde. Das Canyon de Chelly N.M. liegt weit im Nordosten des Staates Arizona, eingeschluchtet in das riesige Colorado-Plateau, rund 1 750 m hoch und von Frühlingstemperaturen erst im Mai erreicht. Sein Name entstand durch eine spanische Verballhornung des Navajo-Wortes „Tsegi", was lediglich „felsiger Canyon" bedeutet. Der spanische Ausdruck für den nördlichen Nebencanyon, „Canyon del Muerto", Canyon der Toten, bezieht sich seit 1882 auf Überreste prähistorischer Grabstätten. Heute allerdings erinnert er auch an die dortige Massacre Cave, in die sich 115 Navajos vor einer spanischen Strafexpedition 1805 flüchteten und dort grausam, auch Frauen und Kinder, getötet wurden.
Heute leben die Navajo-Indianer wieder im Bereich des gleichen Canyons, den schon ihre Urvorfahren, die Pueblo-Indians, vor über 1 000 Jahren besiedelten. 1931 wurde das National Monument gegründet und wird vom National Park Service in Übereinstimmung mit der Navajo-Stammes-Regierung in Window Rock, Arizona, verwaltet.

„Biberschwanz"-Kakteen blühen hier überall

◂ Sliding House Overlook

Canyon del Muerto
Blick vom Tsegi Overlook

◀ 243 m hoch steht der Spider Rock im Tal

White House Ruin. Vor 1 000 Jahren lebten hier die Anazasi ▶

Chiricahua N.M.

Im äußersten Südosten von Arizona liegt ein Felsenlabyrinth mit Steinsäulen, Wackelsteinen und figürlichen Bildungen, bei denen man sich unwillkürlich fragt, wie solch bizarre Formen entstehen konnten. Tatsächlich reichen die Ursachen 25 Mio. Jahre zurück, als dieses Gebiet von gewaltigen vulkanischen Eruptionen und Lavaflüssen verändert wurde. Die glühendheißen Aschenlagen schmolzen zu porösen Ablagerungen von 600 m Stärke zusammen, wurden von späterem Erosionsschutt der nahen Bergmassive überdeckt und zu Gestein verdichtet.
Nachfolgende Verwitterung durch Sonnenglut, Regenstürme und Eiskräfte furchten tief in das Gelände, wobei die jetzt imponierenden Felsgebilde aus Urgestein freigestellt wurden.
Viele überraschende Ausblicke ergeben sich von dem Netz der kurzweiligen Wanderpfade in rund 2 000 m Höhe - für Fotografen ein lustiger Irrgarten.

„Punch and Judy" im Heart of the Rocks-Gebiet

Balanced Rock, einer von vielen ▸

Montezuma Castle N.M. und Montezuma Well

Südlich von Flagstaff in Arizona liegen zwei Sehenswürdigkeiten besonderer Art. Montezuma Castle sind zwei wohlerhaltene Ruinen unter Felsüberdachungen, gebaut mit sechs- bis siebenstöckigen Konstruktionen von 20 bzw. 45 Räumen. Um 1200 schufen Sinagua-Indianer, die am nahen Fluß jagten und Land bestellten, diese Zuflucht 30 m über dem Talboden. Spätere Siedler hielten die verlassenen Behausungen irrtümlich für aztekisch und gaben ihr den Namen.

Für Montezuma Well gilt historisch das gleiche: Der Aztekenfürst hat sich auch diesem Platz nie genähert, noch ihn je gesehen.

Der 1 122 m hoch in der oberen Sonora-Wüste liegende, fast kreisrunde Quellsee mit einer Tiefe von 17 m liegt in einer vor 11 000 Jahren entstandenen, dolinenartigen Bodensenke, wo ihn unterirdische Zuflüsse mit über 4 000 l/min speisen. Am Rande seines 112 m großen Rundes wachsen seltene Pflanzen, sein stets 25° C warmes Wasser ist Lebensraum für niedere Organismen. Fische können in dem stark mineralienhaltigen Wasser nicht leben.

Bull Snake: einer Klapperschlange sehr ähnlich, aber ohne Klapper und völlig harmlos

700 Jahre altes Cliff Dwelling: Montezuma Castle

4 500 Liter pro Minute Kohlensäuresprudel: Montezuma Well

Organ Pipe Cactus N.M.

Nahe der mexikanischen Grenze, im Süden Arizonas, liegt die ausgedehnte Sonora-Wüste und in ihrer Mitte das einsame Organ Pipe N.M. Hier ist der einzige Platz in Amerika, wo man noch die prächtigen Orgelpfeifen-Kakteenstöcke (Lemaireocereus marginatus) bewundern kann, deren vielstämmige Stände bis 10 m hoch werden können. Außerdem findet sich eine Vielzahl typischer Wüstenpflanzen und Tierarten der Sonora-Zone, die nur hier leben. Aber auch die aus urvulkanischem Gestein hervorgegangene Landschaftstopographie ist außerordentlich verschieden zu anderswo Gewohntem: trockenheiß und abwehrbereit, spröde und dennoch äußerst reizvoll.

Der Kaktus-Zaunkönig hat ein sicheres Nest

Organ Pipe Cactus ▶

Saguaro N.M.

Die Sonora-Wüste, inmitten derer das Saguaro N.M. liegt, umfaßt die Südostecke Kaliforniens, das südöstliche Arizona, große Teile des mexikanischen Staates Sonora und der Halbinsel Baja California. Die Schaffung dieses Naturreservates, das sich bis in fast 2 000 m Höhe erstreckt, war weitgehend auf den Erhalt der seltener gewordenen, vielarmigen Saguaro-Kakteen gerichtet, die hier Wuchshöhen bis 15 m erreichen. Beim Entwickeln der ersten Seitentriebe in etwa 6 m Höhe hat dieser malerische Kaktusbaum bereits 75 durstige Jahre hinter sich, wird aber dennoch nicht selten über 200 Jahre alt. Viele andere Kakteenarten und Wüstenpflanzen sind hier zahlreich und nach feuchten Wintern in herrlicher Blüte, vor allem in den bis 2 641 m hoch gelegenen Gebieten des Cactus Forest auf dem Mica Mountain, wo auch Eichen und verschiedene Kiefernarten üppig gedeihen.

Die Tierwelt ist erstaunlich reichhaltig und den unterschiedlichen Höhenklimaten gut angepaßt: Vom Kojoten, Wildschwein, Reh bis zu den Kleinnagern und zahlreichen Reptilien sowie hochangepaßten Vogelarten findet jedes Tier seine Nische in dem von starken Temperaturunterschieden beherrschten, felsigen Ödland.

Die Halbwüste hat für viele Naturliebhaber einen ganz besonderen Reiz

Erst im Juni fängt die über 1 000 m hohe Halbwüste an zu blühen

im Alter verschroben

Roter Kardinal

Haus-Streit

Sunset Crater und Wupatki N.M.

Der 326 m hohe und 1 500 m weite Sunset Crater nördlich Flagstaff, Arizona, entstand erst 1065 n. Chr. und ist damit einer der jüngsten Vulkane Amerikas östlich der Sierra Nevada, Teil des riesigen Eruptionsgebietes der San Francisco Mountains. Noch weitere 200 Jahre spie er Feuer und Schlacke, so daß die in seinem 5 000 km^2 großen Auswurfbereich lebenden Sinagua-Indianer, die das Land während 400 Jahren kultiviert hatten, abwandern mußten, zumal in den Jahren 1150 und 1220 riesige Lavaströme alles Leben weithin zerstörten.
Wenige Jahrzehnte nach dem Ausbruch von 1150 stellte sich eine neue Fruchtbarkeit der wasserbindenden Aschenlagen heraus und ermöglichte die Rückkehr vieler Stämme, die sich nun Wupatki Sioux nannten. Bis zu ihrem endgültigen Verschwinden um 1225 aus unbekannten Gründen schufen sie beachtliche mehrstöckige Bauten, vielformige Keramikkunst und fantasiereiche Flechtarbeiten.

In der Vulkanaschenwüste heimisch: die Türkis-Eidechse (Blue Spiny lizard)

Sein roter Gipfel läßt den Sunset Crater abends weithin leuchten

Schon vor 1 000 Jahren bauten die Indianer mehrstöckig

Death Valley N.M.

Im Osten Kaliforniens, mit einem Zipfel in den Wüstenstaat Nevada hineinreichend, erstreckt sich in nordsüdlicher Richtung das durchschnittlich 50 km breite und 170 km lange Death Valley. Ein Todestal fürwahr, wenn man weiß, wie viele Opfer es durch seine extreme Hitze, Wasserarmut und biologischen Widrigkeiten seit seiner Entdekkung von Abenteurern, Landvermessern, Prospektoren und westwärts ziehenden Landsuchern gefordert hat.
Seine geologische Entstehungsgeschichte ist vielschichtig und bis heute keineswegs völlig geklärt. Sicher ist inzwischen, daß das älteste hier gefundene Gestein vor etwa zwei Milliarden Jahren entstand, was fast dem halben Erdalter entspricht.
Das Tal selbst jedoch, welches auf einem doppelten Bruchspaltensystem nach unzähligen Verwerfungen und Liftungen der Erdkruste entstand, dürfte in seinen wesentlichen Anteilen kaum älter als zehn Millionen Jahre sein.
Noch vor tausend Jahren bestand aktiver Vulkanismus und ließ die Ubehebe-Krater entstehen. Heute ist die geographische Lage bestimmend für dieses lebensfeindliche Wüstenareal.
Nach Westen, woher die feuchten Pazifikwinde kommen, ist es abgeriegelt durch die mächtige Gebirgskette der Sierra Nevada, deren Viereinhalbtausender die meisten Niederschläge abfangen. Nur hundert Kilometer weiter östlich derselben, parallel versetzt, ragen die um dreitausend Meter hohen Bergzüge der Panamint-Range. Kein Wunder also, daß die durchschnittliche Niederschlagsmenge an den meisten Stellen des Death Valley minimal ist, in manchen Jahren sogar weder Regen noch Schnee fällt. Hinzu kommt die geringe Seehöhe weiter Teile, von denen rund hundert Kilometer unter dem Meeresspiegel liegen. Der niedrigste Punkt befindet sich sogar 82 Meter darunter und ist damit die tiefste Senkung der westlichen Hemisphäre.
Dies macht deutlich, daß das Death Valley kein eigentliches Tal ist, sondern ein abflußloser Verwerfungsgraben der Erdkruste. Alles Wasser von den umliegenden hohen Gebirgszügen fließt, oft nur unterirdisch, in diese riesige Landsenke, Teil des von Oregon bis Nordmexiko reichenden Basin-and-Range-Bassins, um dort bald zu verdunsten. Die dabei aus den Gesteinen gelösten Mineralien, vorwiegend Kochsalz, Borate, Karbonate und Sulfate, kristallisierten dabei aus und hinterließen blendendweiße Flächen seltsamer Kristallstrukturen, wie bei der Devil's Golf Course.
Viele der urigen Felsgesteine des Todestales zeichnen sich durch ungewohnte Färbungen aus, die oft kontrastierend nebeneinander stehen. Die frühen Goldsucher vermuteten hinter dem farbigen Gestein wertvolle Schätze. Sie ließen sich von dieser Idee um so mehr leiten, als in der Mitte des vorigen Jahrhunderts anderswo in Kalifornien sagenhafte Goldfunde gemacht worden waren. Mit Ausnahme der Keane Wonder Mine, die noch 1904 über eine Million in Gold einbrachte, wurden im Death Valley nie nennenswerte Edelmetallmengen endeckt.
Anders die reichhaltigen Funde von Borax von 1881 bis 1887, für deren industrielle Verwertung allerdings in fast übermenschlicher Anstrengung eine 250 km lange Primitivstraße gebaut werden mußte, um das geförderte Material auf dreißig Tonnen tragenden, von 18 Maultieren und 2 Pferden gezogenen hölzernen Riesenkarren an den Mann zu bringen.

Devil's Golf Course ▶

Mesquite Flat Dunes ▶▶

„Badwater", mit 82 m unter dem Meeresspiegel tiefste Depression der westlichen Hemisphäre

Palmenoase bei
Furnace Creek ▶

Ubehebe-Krater, erst 1 000 Jahre alt

Artist's Palette, farbig, aber kein Gold

Devils Postpile N.M.

Vom Owens Valley aus, entlang dem US-Highway 395, erschließen sich eine Reihe hochinteressanter Natur-Sehenswürdigkeiten. Eine davon ist das Devils Postpile National Monument, das seit 1911 durch ein präsidiales Gesetz etabliert und geschützt ist. Seine Entstehungsgeschichte reicht etwa 25 Mio. Jahre zurück, als das damalige Flachland begann, sich emporzuliften und nach Südwesten zu neigen, woraus die heute über 4 000 m hohe Gebirgskette der Sierra Nevada entstand. Diese gigantischen Veränderungen innerhalb der Erdkruste, die auch heute noch meßbar anhalten, waren durch aufreißende tiefe Brüche und Spalten mit Vulkanität verbunden: Eruptionen, Lavaflüsse, Basaltströme, Kraterreihen und Magmaaufquellungen.
Vor wohl weniger als 100 000 Jahren drang eine glutflüssige Magma-Masse durch die Erdkruste empor und füllte das kleine Flußtal 120 m tief und 5 km weit mit zäher Basaltschmelze auf. Diese enorme Menge brauchte mindestens Jahrzehnte, um durch den Kontakt mit angrenzendem Gestein abzukühlen, wobei sich das Volumen verringerte. Dabei entstanden in dem spröden Material Spannungsrisse, die sich entsprechend der Erdanziehungskraft senkrecht fortsetzten: Basaltsäulen bildeten sich, die an den Seitenflächen durch Erosion freigesetzt wurden. Die Gletscherflüsse späterer Eiszeiten schliffen deren gewölbte Oberfläche glatt, so daß ihre meist sechseckigen Fugen an eine Pflasterdecke erinnern.
Besonders eindrucksvoll und, von sehr entlegenen Gebieten Schottlands abgesehen einmalig, sind die nach Westen hin freistehenden, bis zu 18 m hohen Basaltsäulen. Von ganz speziellem Reiz, weil absolut ungewöhnlich, ist ein Teil der Wand mit von der Senkrechten stark abweichenden, ja gebogenen Säulenbünden.
Der klare San Joaquin River, der in dem verschwiegenen Tal entlangführt und nahebei die 31 m hohen Rainbow Falls bildet, sowie eine Sodaquelle und mehrere andere heiße Quellen, vor allem aber ein artenreicher alter Baumbewuchs, machen das Devils Postpile National Monument zu einem wahren Geheimtip für Naturliebhaber. Da im Park infolge seiner Höhenlage von über 2 200 m im Winter bis zu 5 m Schnee fallen, ist er meist nur von Juli bis Ende September zugänglich.

Grazil wirkend und doch drohend
stehen die Basaltsäulen am Abgrund ▶

Obsidian Dome

Nur 10 km von Devils Postpile entfernt, ebenfalls von der US 395 aus über die Glass Flow Road, rund 300 m nördlich des 2 449 m hohen Dead Man Summit abzweigend, liegt ein weiteres vulkanologisches Gebiet von höchst interessanter Art, nämlich der Obsidian Dome.

Wie der Name schon beschreibt, ist hier vor erst mehreren tausend Jahren aus der vulkanischen Tiefe der Erdkruste ein riesiger Strom glasiger Lava emporgestiegen und hat sich wie eine gewölbte Pilzkappe 100 m hoch und 1 600 m im Durchmesser auf das Gelände gelegt.

Das schwarzgleißende Vulkanglas Obsidian wurde schon von den indianischen Ureinwohnern zu Werkzeugen und Pfeilspitzen verarbeitet und ist weltweit als Halbedelstein beliebt. Hier liegt es für jedermann in rauhen Mengen verfügbar.

Allein der Anblick des riesigen Berges aus glitzernden Glasfelsen ist staunenswert. Ein kurzer Fußpfad führt auf ihn hinauf, eine Holztafel erklärt die geologische Entstehung.

Obsidian Dome: ein Berg aus Halbedelstein

Muir Woods N.M.

Die Küsten-Sequoia (Immergrüner Mammutbaum), englisch auch Redwood genannt, ist der höchstwachsende aller Bäume. Er erreicht ein Alter von über 2 000 Jahren und Höhen um 110 m.
Viele herrlich gewachsene Exemplare stehen in einem Hain im Küstengebirge nördlich von San Francisco, wo das feuchtkühle Klima ihr Wachstum begünstigt. Nur 870 km lang ist heute noch ihr Lebensbereich innerhalb eines schmalen Streifens parallel zum Pazifischen Ozean, während ihre Ahnen vor 150 Mio. Jahren noch auf der gesamten nördlichen Hemisphäre wuchsen.
Die Bestände dieses Naturreservates, welches zu Ehren des berühmten Naturforschers John Muir benannt wurde, erreichen Höhen um 75 m bei einem durchschnittlichen Alter von 400 bis 800 Jahren.

Erhabene Größe vermitteln die Mammutbaum-Haine

Joshua Tree N.M.

Im Süden Kaliforniens, etwa 225 km östlich von Los Angeles, liegt das Joshua Tree N.M., mit einer westöstlichen Ausdehnung von 106 km und 189 000 ha Fläche eines der komplexesten Wüstengebiete des amerikanischen Westens.

Das Zusammentreffen zweier großer Wüsten, nämlich der unterhalb 900 m liegenden Colorado, die den östlichen Teil des Naturreservates ausmacht, und der westlich höher gelegenen Mohave, die mehr feuchtkühle Wetterbedingungen hat, ergibt eine ökologische Mischzone, in der die typischen Tiere und Pflanzen beider Regionen sich begegnen. In den tiefer gelegenen trockenheißen Gebieten beherrschen der Creosot-Busch, der stachelige Ocotillo und der Cholla-Kaktus die Szene, während im gebirgigeren westlichen Teil der Joshua Tree (Yucca brevifolia), der Lilienfamilie zugehörig, mit seinen irregulär geformten Armen der Landschaft ihr typisches Gepräge verleiht. Er gab dem Naturpark seinen Namen.

Ein drittes Ökosystem bilden die fünf mit Palmen bestückten Oasen, die entsprechend unterirdischer Wasserführung über den Park verstreut sich finden und eine reichhaltige Biologie ermöglichen. Alles Leben hier wird geprägt von der Notwendigkeit äußerster Anpassung an die klimatischen Verhältnisse und die geringe Verfügbarkeit nährstoffhaltigen Bodens. Dies führt zu vielen „schlafenden" Lebensformen, wie Samen- und Wurzelsprossungen, die Monate, ja sogar Jahre unbeschadet dahinschlummern können, bis schließlich der einsetzende Regen sie binnen Stunden zu voller Blüte und neuem Leben erweckt. Ungleich schwieriger ist es für viele Tiere, unter den nahezu lebensfeindlichen Bedingungen, vor allem des Hochsommers, in den höher gelegenen Gebieten aber auch winters, zu überleben und die Art zu erhalten.

Die kleineren Tiere, wie die Känguruh-Ratte, sind hochangepaßte Vegetarier, die ihr Auskommen in Samenkörnern und Pflanzenresten finden. Eidechsen und Schlangen, typisch hier die Sidewinder-Klapperschlange, haben bereits einen um Insekten und Kleinsäuger erweiterten Speiseplan, während alle größeren Tiere sich vorwiegend fleischfressend ernähren, also die Jäger innerhalb dieser Nahrungskette darstellen. Hierzu gehören vor allem die wenigen Raubkatzenarten, wie die Luchse und der hier selten gewordene Berglöwe, aber auch der in allen Überlebensformen erfolgreiche allesfressende Kojote.

Erst sehr spät hat der Mensch dieses spröde Naturareal zu nützen versucht. Der Pinto-Mensch lebte vom Sammeln und Jagen in den wenigen damals noch feuchteren Felstälern. Später zogen Indianerstämme vorübergehend in die niedriger gelegenen Areale, um sich von Kaktusfrüchten, Eicheln und Mesquite-Bohnen zu ernähren. Sie hinterließen Felszeichnungen und einfache Keramikgefäße. Im späten 19. Jahrhundert kamen Naturforscher, Viehhalter, schließlich Prospektoren und Abenteurer, auf der meist vergeblichen Suche nach Gold. Ihre Dämme zur Wasserstauung und primitiven Einrichtungen sind inzwischen längst verfallen, ihre Ziele verblichen.

1976 wurde das Gebiet vom amerikanischen Kongreß zum Joshua Tree N.M. erklärt und damit jeglicher privaten Nutzung entzogen. Seither steigen die Besucherzahlen derer, die hier unberührte Natur, Einsamkeit und neue Erfahrungen suchen, jährlich so stark an, daß Überlegungen zur Begrenzung des naturgefährdenden Zustromes angestellt werden müssen.

Nach feuchten Wintern ▶
blüht die Wüste besonders reich

Bei Indian Cove sind ▶▶
die Granitfelsen eine malerische Kulisse

Es ist wahrscheinlicher, von einem Cholla-Kaktus gebissen zu werden als von einer Klapperschlange

Lava Beds N.M.

Ganz im Norden Kaliforniens und weitab jeglicher Besiedlung liegt ein trostloses Gebiet von riesigen Lavaflüssen, Vulkanschutt und Kraterkegeln, die meisten über 1 600 m hoch.
Schon vor 1 Mio. Jahren bestand hier aktiver Vulkanismus, aber vor 30 000 Jahren kulminierte die Ausbruchstätigkeit mit Lavamengen, die das längst zerrissene Gelände in 12 km Länge überfluteten, wobei über 200 ausgedehnte unterirdische Lavagänge und Fließhöhlen entstanden.
Viele von ihnen sind begehbar, Mushpot Cave, nahe dem Visitor Center, wurde sogar beleuchtbar gemacht.

Pinnacles N.M.

Aus geologischer Sicht gehört das Gebiet dieses Naturparks zu den wohl eindrucksvollsten und für den Laien anschaulichsten Beispielen der sich ständig ändernden Topographie unseres Planeten.
Eine der berüchtigsten Bruchzonen ist die spätestens seit dem verheerenden Erdbeben in San Francisco 1906 ins öffentliche Bewußtsein getretene San-Andreas-Spalte. Diese durchschneidet nicht nur das heutige Pinnacles N.M. in nordsüdlicher Richtung, sondern war die Ursache für die Bildung der bizarren Felsformationen, die wir jetzt bestaunen können.
Vor 23 Mio. Jahren entstand hier ein riesiges Vulkangebiet, wobei glühend flüssiger Felsbrei aus der Tiefe der Erde emporquoll. Dabei bildeten sich nach dem Erkalten ursprünglich etwa 1 600 m höhere Gesteinsformationen, aus denen die spätere Verwitterung die jetzigen Felstürme entstehen ließ. Die gegenläufige Verschiebung des Geländes hält weiterhin meßbar an: Die beidseits der mitten durch den Park gehenden San-Andreas-Falte liegenden Anteile des Urvulkans sind bis heute bereits 314 km weit auseinandergedriftet, das sind immerhin 3,8 cm jedes Jahr. Die Erde bebt hier täglich.

Auf dem Bear Gulch Trail

Am Balconies Bergpfad ▶

Point Reyes National Seashore

Dieses Naturmonument ist einer der geeignetsten Plätze unserer Erde, um mit eigenen Augen zu sehen, wie die Kontinente in steter Bewegung zueinander sind. Hier führt die gewaltige San-Andreas-Falte entlang, die eine Driftzone zwischen der pazifischen und der amerikanischen Platte ist. Etwa 10 cm pro Jahr bewegt sich erstere in nordwestlicher Richtung. Die Halbinsel Point Reyes liegt noch auf der Pazifikplatte, nur wenige Kilometer weiter das Festland, getrennt durch ein 300 bis 400 km tiefreichendes Bruchspaltensystem, über dem bereits auf 20 km Länge das Meer trennend eingedrungen ist.
Während des großen Erdbebens von 1906 in San Francisco verschob sich hier die Erde in dramatischer Weise: Die Halbinsel Point Reyes wurde mit einem Schlag um 5 m nach Nordwesten gestoßen, heute noch an vielen Stellen sichtbar.

Badestrände locken rund um die Halbinsel

Black Canyon of the Gunnison N.M.

Einer der beeindruckendsten, weil ungewöhnlichsten Naturparks Amerikas ist gleichwohl einer der allgemein weniger bekannten. Ursächlich für diesen Widerspruch dürfte allein seine geographische Lage sein, die von den üblichen Heerstraßen des Naturtourismus in die Südweststaaten reichlich abgelegen erscheint. Mehrere Canyons im Westen übertreffen den Black Canyon wohl in Größe, Länge, Tiefe oder Steilheit seiner schmalen Schluchtwände. Trotzdem ist er einzigartig in der Kombination all dieser besonderen Merkmale, vor allem aber durch seine furchterregende, düstere Abgründigkeit. Der Black Canyon, in den sich der Gunnison River in 2 Millionen Jahren durch mehrschichtiges vulkanisches Gestein eingegraben hat, ist 85 km lang, wovon aber nur 19 km der spektakulärsten Schluchten innerhalb der National-Monument-Grenzen liegen. Die auch bei heller Sonne grauschwarzen Canyonwände aus Schiefer, Gneis und vulkanischen Intrusionen fallen fast überall senkrecht erscheinend in eine ferne Tiefe. Bei Painted Wall sind es 670 m, am Narrows View ist der Abstand zwischen Nord- und Südwand der Schlucht mit 400 m geringer als der 518 m tiefe Abgrund zum Fluß.

Gunnison Point-Ausblick

700 m tief, eine Milliarde Jahre alt: Painted Wall ▶

Colorado N.M.

Im westlichen Zentrum des Staates Colorado, parallel zu dem gleichnamigen Fluß, liegt das Felsental des Colorado N.M. Steile, zerklüftete Wände, hochragende Klippen und Türme, seltsame Steinfiguren sowie enge Canyons präsentieren sich dem Naturfreund von der Aussichtsstraße und lassen ihn wissen, daß er auf Formationen niederblickt, die über viele Jahrmillionen entstanden sind durch Liftungen, Verwerfungen und die verwüstende Erosion der oberen Erdkruste, welche hier eine 16 km lange Falte bildet.

Von den Parkbuchten aus hat man den ganzen Canyon vor sich

Dinosaur N.M.

Auf der Grenze zwischen den Staaten Utah und Colorado liegt die größte Fundstelle von Fossilienknochen aus der Zeit der Dinosaurier, die hier vor 205-65 Mio. Jahren in der sogenannten Morrison Formation auf dem amerikanischen Kontinent lebten. Bereits 1892 wurden die ersten Funde hier gemacht, und inzwischen sind mehrere hundert Tonnen Fossilien von 16 verschiedenen Gattungen geborgen worden, davon viele vollständige Skelette, die hier und in anderen Museen des Landes ausgestellt sind. Eine der anschaulichsten Grabungen hier ist überdacht und ein Teil des Visitor Centers.

Hier kann jeder Besucher den Wissenschaftlern über die Schulter sehen

Great Sand Dunes N.M.

In den südlichen Regionen der Rocky Mountains von Colorado ziehen sich die bis 4 400 m hohen Gebirgszüge der Sangre de Christo Mountains entlang und bilden eine Barriere gegen die vorherrschenden Winde aus Südwesten, die über die wüstenhaften Flächen des San Lewis Valley fegen. Infolge oft hoher Geschwindigkeiten werden dabei Sandpartikel aus dem Erosionssediment aufgewirbelt und in nordöstlicher Richtung davongetragen, bis die aufsteigenden Gebirgsflanken dem entgegenstehen. So bildeten sich über Jahrmillionen einige der größten Inlandsdünen der Erde auf einer relativ begrenzten Fläche von 160 km^2. Mit ihren über 200 Metern Höhe und milden Formen sind sie ein seltsamer Anblick in dieser 2 300 m hohen Gebirgslandschaft.

Dickhorn-Schafe sind gierig auf Salz- und Mineralien-Leckstellen

In der feurigen Asche dieser Kegel konnte kein Baum überleben

Craters of the MoonN.M.

Der Süden des Staates Idaho hat eine der erstaunlichsten Landschaften Amerikas. Über 215 km^2 der Fläche des erst 1924 geschützten Naturreservates sind verwüstend bedeckt von ausgedehnten Lavafeldern, Eruptionskegeln, Aschenlagen und Auswurfbomben, so desolat und scharfkantig, als hätten sich die Ausbrüche erst vor kurzem ereignet. Die letzten aber fanden schon vor ca. 1 800 Jahren statt, was keineswegs bedeutet, daß dieses weite vulkanische Areal nunmehr als erloschen angesehen werden kann. Vom Visitor Center führt eine hochinteressante Serpentinenstraße zu den ungewöhnlichsten Schauplätzen und Wanderpfaden.

Diorama des noch heute produktiven Steinbruchs

Pipestone N.M.

Lange bevor der erste weiße Mann die nördlichen Plains erreichte, bestand hier bereits ein bei den Indianern fast des gesamten Kontinents berühmter Steinbruch. Denn hier allein war eine Gesteinsart entdeckt worden, aus der die magischen Friedenspfeifen, die Calumets, der Indianerstämme gearbeitet wurden.
Seit vielen Jahrhunderten und bis auf den heutigen Tag, kamen selbst verfeindete Stämme zu diesem geheiligten Areal, um miteinander den begehrten Stein auszugraben. Erst Mitte des letzten Jahrhunderts erklärten die Yankton-Dakota-Sioux die Fundstelle zu ihrem alleinigen Besitz. 1937 kaufte der amerikanische Staat alle Rechte und erklärte den Steinbruch zum gemeinsamen Besitz aller Indianer.

Scotts Bluff N.M.

Dieses Naturmonument nahe dem Südufer des North Platte River im westlichen Nebraska, eine die Prärie weithin beherrschende Steinburg von 244 m Höhe in über 1 400 m Seehöhe, war schon zu Zeiten der Urbevölkerung vor zehntausend Jahren ein besiedelter Orientierungspunkt, wie Funde beweisen. Die riesigen Bisonherden kamen hier an den Fluß und waren den späteren Indianerstämmen der Sioux, Cheyenne und Arapaho eine sichere Nahrungsquelle.
Von besonderer Bedeutung wurde die Landmarke jedoch, als nach 1848 in Kalifornien der Goldrausch ausbrach und über 250 000 Leute zu Fuß, zu Pferde und vor allem mit den von Ochsen gezogenen, stabilen sogenannten Conestoga-Wagen auf dem Oregon Trail abenteuernd gen Westen zogen.

Mit „Westward-Ho" riefen sich Hunderttausende den Mut zu, den es brauchte, um in Monaten über Stock und Stein seinem Glück im fernen Westen näherzukommen

Lehman Caves N.M.

Im Osten des Great Basin von Nevada und am Rande des Wheeler Peak, der mit seinen 3 982 Metern einer seiner mächtigsten Berge ist, liegt das rund 2 100 m hohe Lehman Caves National Monument. Vor Millionen Jahren drang kohlendioxidhaltiges Oberflächenwasser durch die Kalksedimentlagen, löste sie teilweise auf und kristallisierte die Mineralien weit tiefer wieder aus. Unzählige herrliche Stalagmiten und andere Formen entstanden in Jahrzehntausenden, bis sie, von dem Siedler Absalom S. Lehman entdeckt, bekannt und 1922 als Naturmonument geschützt wurden. Seit 1986 sind sie Teil des Great Basin National Park.

Ein Reichtum von Tropfstein-Gebilden verzaubert jeden Besucher

El Morro N.M.

Im Nordwesten von New Mexico, wo in den letzten Jahrhunderten zahllose spanische Eroberer, Priester und Abenteurer ihre oft fragwürdigen Ziele verfolgten, steht inmitten der trockenen Prärie ein weithin sichtbarer, 360 m hoher Felsklotz, zu dessen Füßen sich ein nie versiegender Quellteich entwickelte. Manchem der Vorbeiziehenden hat er das Leben gerettet, und nicht wenige haben ihre Namen in den Fels geritzt, wie auch die frühen Indianer ihre bis heute noch nicht entschlüsselten Symbolzeichen eingruben.

Lebensspendender Quellteich in der unendlichen Prairie ...

... an der großen Landmarke ▸

Inschrift eines dankbaren Vaters auf dem großen Treck nach Westen: „Und wenn unsere Kinder sich mit frischem Wasser gelabt haben, werden wir glücklich leben für all unsere Tage."

White Sands N.M.

Im südwestlichen New Mexico erstreckt sich das wüstenartige Tularosa Basin, in weitem Umkreis flankiert von Gebirgen und Hochlandflächen. Die Felsformationen dieser Berge, der Sacramentos im Osten und San Andreas im Westen, beide mit einer Höhe von über 2 500 Metern, enthalten massive Lagen an Gips. Über Jahrtausende haben die Erosionskräfte Gipskristalle dort herausgebrochen, zu Tal geschwemmt und abgesetzt. In diesen niederen Lagen mit aridem Klima jedoch wehen beständig warme, südwestliche Winde, die den zu kleinen Kristallen verwitterten Gips wie Sandkörner forttragen können. Kleinste Bodenunebenheiten vermögen bereits den luftigen Transport zu verwirbeln und dünenartige Ausfällungen zu bilden. Hat dieser Prozeß erst begonnen, so wachsen echte Dünen, die hier Reihen und Gruppen bilden und bis zu 15 m hoch sein können. Schließlich füllen sie das ganze Gelände mit gleißendweißen Ansammlungen von Hügeln unterschiedlichster Lage und Form aus und werden von wechselnden Winden stetig verändert.
Durch diese lockerliegenden, reinweißen Dünen zu fahren, sie lustvoll und am besten barfüßig zu durchstreifen ist ein besonderes und unvergleichliches Erlebnis. Nirgends auf der Welt gibt es ein zweites solches Naturwunder.

Bis zu 12 m tief müssen die Wurzeln der Yucca reichen

Mount Rushmore N.M.

Dieses National Memorial ist eine großartige Idee, Geschichte zu vergegenwärtigen, und eine künstlerische wie technische Pioniertat, die Verehrung und den Stolz eines Volkes für seine Präsidenten zu verewigen. 1927 begann der berühmte Bildhauer Gutzon Borglum, ein Sohn dänischer Einwanderer, mit selbstentwickelten neuen Techniken das Riesenwerk. In über sechs Jahren wurden mehr als 450 000 t Granit von dem 1 800 m hohen Mount-Rushmore-Felsklotz weggenommen, bis die rund 18 m hohen Gesichter der vier Präsidenten kühn hervortraten. Sie symbolisieren das Werden und den Bestand ihres stolzen Staates: George Washington steht für den Kampf um Unabhängigkeit und die Geburt der Republik, Thomas Jefferson drückt die politische Philosphie des Landes und seiner Regierung aus, Abraham Lincoln versinnbildlicht das Ringen um Gleichheit der Rechte aller und den Bestand der Nation, während Theodore Roosevelt das Amerika des 20. Jahrhunderts und seine moralische Führungskraft in einer sich erneuernden Welt des Naturbewußtseins darstellt.

Blick vom Visitor Center

Cedar Breaks N.M.

Am südlichen Hochland von Utah, wo sich wellenförmig grüne Matten ausbreiten, hat der Zahn der Zeit ein kolossales Erosionsgebiet herausgelöst. Über 26 km^2 groß ist das stufenförmig geformte Amphitheater, welches aus dem 3 000 m hoch liegenden Kalksteinmassiv während der letzten Jahrmillionen entstand. Heute gleitet der Blick mit Erstaunen über die gigantische, vielfarbige Bildhauerarbeit der unermüdlichen Natur.

Von der Aussichtsstraße bieten sich großartige Perspektiven

Natural Bridges N.M.

Natursteinbögen sind im Rotsandsteingebiet der Südweststaaten weit verbreitet. Sie entstanden durch Verwitterungskräfte. Etwas ganz anderes sind Naturbrücken, die ihre Existenz den Kräften fließenden Wassers verdanken und daher stets über Flußbetten zu finden sind. Drei der größten und schönsten Naturbrücken stehen im Natural Bridges National Monument des Staates Utah.

Hier haben die Erosionskräfte in Jahrmillionen tiefe, zerklüftete Canyons in das Colorado-Plateau eingefräst. Kleine Flußläufe, die nur im Frühjahr und nach sommerlichen Gewitterstürmen, dann aber vehement, Wassermassen führen, schufen dann allmählich den White Canyon, der von der Sipapu-Bridge und der Kachina-Bridge überbrückt wird, sowie den Armstrong Canyon und Tuwa Canyon, an deren Vereinigung die großartige Owachomo-Bridge liegt. Die Ausmaße dieser Naturbrücken sind schon faktisch recht erstaunlich, dem Auge aber erscheinen sie als von wirklich beeindruckender Größe und elementarer Erhabenheit. Die Owachomo-Bridge erreicht bei 32 m Höhe eine Spannweite von 55 Metern. Sie ist 8,2 m breit und 2,7 m dick. Die entsprechenden Maße für die Sipapu-Bridge sind 67 m, 82 m, 9,4 m und 16,3 m sowie für die Kachina-Bridge 64 m, 62 m, 13,4 m und 28 m.

Sipapu-Brücke ▶▶

Im White Canyon ▶

Owachomo-Brücke

Rainbow Bridge N.M.

Der Colorado-Fluß hat im Laufe der letzten Jahrmillionen nicht nur seinen großartigen Grand Canyon in das rund 2 000 m hohe Plateau gegraben, sondern auch mit einer Vielzahl von Seitenschluchten das gesamte Terrain zerklüftet. Wegen dessen Unzugänglichkeit blieben daher weite Teile unerforscht.
Schon Ende des letzten Jahrhunderts aber kursierten Gerüchte von der Existenz eines gewaltigen Steinbogens, dessen Lage jedoch von den Navajo-Indianern, denen er als geheiligter Platz galt, geheimgehalten wurde. Im Jahre 1909 machten sich schließlich, unabhängig voneinander, zwei Expeditionen auf die Suche, das verehrte Naturwunder als erste Weiße zu betreten. Nur unter der Führung der beiden Indianer Nasjah Begay und Jim Mike war es nach tagelangem, gefahrvollem Ritt möglich, am 14. August den später Rainbow Bridge genannten Monumentalbogen aus Navajo-Rotsandstein zu erreichen. Dieser Bogen ist die größte Naturbrücke der Erde.
Seine Ausmaße von 84 m Spannweite, 88 m Höhe und fast 13 m Stärke am Gipfelpunkt sind einmalig in der Welt und unglaublich beeindruckend, denn die kraftvolle Schwingung des Bogens ist nicht nur ein ästhetischer Leckerbissen, sondern zugleich auch ein wahres Weltwunder!
Wie kann es zu solch seltsam-großartigen Felsformen kommen? Lange blieb diese Frage unbeantwortbar und führte bei den Ureinwohnern, zuletzt den Paiute- und Navajo-Indianern, verständlicherweise zu göttergläubiger Überhöhung und scheuer Verehrung. Tatsächlich aber sind Bogen- und Brückenbildungen, wie sie in ähnlichen Gesteinsformationen anderer Gegenden reichlich gefunden werden, natürliche Folge langdauernder Erosionskräfte: Ein sich durch Sedimentgestein in Form vieler Millionen Jahre alter, unter Druck verfestigter Sanddünen, schlängelnder Fluß sägt sich immer tiefer in den Boden, bis er eine der steilflankigen Windungen so unterhöhlt, daß er geradewegs hindurchfließen kann. Die entstandene Untertunnelung erweitert sich dann stetig zu einem überspannenden Bogen. Da die Erosionskräfte anhalten, wird der Bogen jedoch eines Tages wieder verschwunden sein. Wir haben das Glück, die schönste Phase dieses immerwährenden Werde-und-stirb-Prozesses der Natur erleben und bewundern zu können.

Gedenktafel für Nasjah Begay, der den ersten weißen Mann zur Regenbogen-Brücke führte

Timpanogos Cave N.M.

Unweit von Salt Lake City, der bekannten Mormonenstadt in Utah, liegt inmitten hochreichender Waldtäler eine der zauberhaftesten Tropfsteinhöhlen des Landes. Während anderswo Stalagmiten und Stalaktiten das Bild bestimmen, zeichnet sich diese Höhle durch einen wahren Reichtum an Kleinformen aus, die wie glitzernde Eiskristalle an Wänden und Decken die Räume verzieren. Aber auch größere Exemplare aller denkbaren Tropfsteine sind hier zu bewundern.

Devils Tower N.M.

„Des Teufels Turm" haben ihn die frühen Landsucher und Prospektoren genannt, weil er für sie eine richtungsweisende Landmarke darstellte, die allerdings durch die drohend aufsteigende Form zugleich äußerst unheimlich erschien. Schon für die seit Jahrtausenden dort lebenden Indianerstämme war er ein Ort der Verehrung, aber auch böser Ahnungen.
Von seiner bewaldeten Basis erhebt sich der mächtige Basaltsäulenklotz 264 m hoch, vom dicht zu seinen Füßen fließenden Belle Fourche River sogar 390 m. Seine Basis hat einen Durchmesser von 250 m, seine Krone noch immer 90 m. Ein wahrhaft imposantes Naturwunder, für das es weltweit nichts Vergleichbares gibt. Verständlich ist daher, daß es bereits 1906 zum ersten Nationalmonument erklärt wurde.
Entstanden ist der Felsenturm, als im Tertiär innerhalb der Erdkruste aufsteigendes glutflüssiges Magma, noch ehe es die Erdoberfläche erreicht hatte, zu erkalten begann. Dabei bildeten sich in dem basaltischen Material durch Schrumpfung des Volumens irreguläre Spannungsrisse und schließlich die vier- bis sechseckigen Steinsäulen.

Prairie-Dogs bauen unterirdisch ganze Wohnanlagen

Die Basaltsäulen des Teufels-Turms waren einst glutflüssig ▸

Meereszonen, Bergmassive, Prärien

Bergmassive, Wälder, Prärien und Seen sowie ausgedehnte Meereszonen sind der natürliche Reichtum des Kontinents. Viele dieser oft weitentrückten Naturareale Amerikas werden selten betreten, sind aber grundsätzlich für das Publikum frei zugänglich, auch ohne ein eigentliches Reservat zu sein. Jeder Bürger betrachtet alle staatlichen und vom Staat verwalteten Gebiete als Volkseigentum und macht regen Gebrauch davon. Camping brauchte in Amerika nicht erst erfunden zu werden, es leitete sich bruchlos ab aus den Zeiten der Landsucher, Pioniere und risikobereiten Siedler, für die es nur natürlich war und eine tiefe Erfahrung zugleich, auf dem nackten Boden zu schlafen.

Es kann kein Zweifel darüber bestehen, das die Naturschutz-Idee in Amerika ihre schönste Entsprechung in den Worten findet „zum Wohle und der Erbauung des Volkes". Dies gilt praktisch für den ganzen Kontinent, dessen Größe und Vielfalt der Natur in einem Leben nicht erschöpfend erkundet werden kann, vom zeitfreien Naturliebhaber vielleicht gerade ausgelotet.

Sehr wesentlich werden die Unterschiede, ja Gegensätze der Landschaften von der beträchtlichen Nordsüd-Ausdehnung Amerikas über mehrere Klimazonen hinweg geprägt. Hinzu kommen die erheblichen Höhenunterschiede weiter Teile des Landes, vor allem des Westens, wo sich denn auch die Vielzahl der ungewöhnlichsten Landschaftsbildungen findet. Sie entstanden meist vor Hunderten von Millionen Jahren und sind heute im malerischsten Stadium der geologischen Umformungsprozesse. Während im Norden und Osten des Kontinents von den großen Eiszeiten frühere Topographien glattgehobelt wurden, weshalb sie heute praktisch keine Natursehenswürdigkeiten zu bieten haben, ist der Westen mit seinen riesigen Hochgebirgen, vor allem der Rocky Mountains und der Sierra Nevada, mit seinen Wüsten und großartigen Küstenformationen ein Füllhorn für den Naturliebhaber, das er niemals zur Neige bringen kann.

Die großen Landschaften

Die großen Landschaften des Kontinents, die weder als National Park noch National Monument ausgezeichnet sind und dennoch zu den hervorragendsten Naturschönheiten gezählt werden müssen, hier erschöpfend zu beschreiben ist leider kaum möglich. Viele stehen als State Parks unter dem Schutz der jeweiligen Bundesstaaten, andere liegen innerhalb von Indianerreservaten, oder sie gehören sogar Privateigentümern, die gegen Eintrittsgebühr für ihre Erhaltung und Pflege Sorge tragen. Aber eine beträchtliche Anzahl von großartigen, originellen, wunderlichen und verschwiegenen Naturschönheiten liegen, nur wenigen bekannt, weit abseits der touristischen Heerstraßen und bleiben wohl auf noch unabsehbare Zeit Geheimtips für Suchende und Eingeweihte, die ihre Entdeckungen hüten. Einige davon hat der Autor aufgespürt und publiziert sie erstmalig in Europa. Die Auswahl der Fotos ist weder willkürlich noch vollkommen. Sie soll lediglich anregen, beschreiben und durch Bilder dazu verführen, sich selbst ein Bild zu machen von den vielen Naturwundern Amerikas, die man in einem Leben nicht vollständig erkunden kann, selbst dann nicht, wenn man sich aus persönlicher Entdekkerfreude und ein wenig Selbstherausforderung jenseits ausgetretener Touristenpfade begibt. Die Horizonte sind weit und oft unbegreiflich. Sie weiten Geist und Gemüt zu großzügigeren Maßstäben der Betrachtung und rufen nach Kontemplation. Sie erklären die oft naiv erscheinende Toleranz und Gleichmütigkeit des Amerikaners. Auch auf den Europäer hatten sie von Anfang an eine geradezu befreiende Wirkung, die sich von dem heutigen Touristen fast täglich nachvollziehen läßt. Schon allein deshalb ist Reisen in Amerika ein Erlebnis ohne Vergleich.

Die Atlantikküste

Der Osten ist die traditionelle Eintrittspforte Amerikas. Mit Europa und der Sonne im Rücken wurde der Kontinent betreten und vom Atlantik her erobert.
Die Küste mißt eine Länge von 3 330 km, seine Strände sogar 46 135 km, Platz genug also für Fischerei, Industrie, Badevergnügen und vor allem Besiedlung.
Heute ist fast die gesamte Atlantikküste derart dicht und lückenlos von der sogenannten Zivilisation erfaßt, daß für puristische Naturerfahrung und Landschaftsbetrachtung kaum noch Raum bleibt. Nahezu die einzigen, wenngleich winzigen Ausnahmen sind die beiden Reservate Acadia N.P. ganz im Norden sowie der Everglades N.P. im äußersten Süden der immensen Küstenstrecke. Glücklicherweise erstreckt sich jedoch nur wenig landeinwärts ein parallel zum Atlantikrande verlaufendes Mittelgebirge von rund 1 800 km nordsüdlicher Ausdehnung und bis 2 000 m Höhe mit einer heiteren Vielfalt an Flora und Fauna, die Appalachen, ein weiträumiges Hügelland.

Cape Kennedy: Technik mitten am Atlantikstrand, aber die Jugend hat zum Glück ihre eigene Meinung und wendet sich lieber der Natur zu

In Acadia sind die Küstenregionen noch einsam und unberührt ▶

Mangroven und Alligatoren sind in Florida heimisch

Der südliche Atlantik ist subtropisch ▶

Der Golf von Mexiko

Die Küstenlinie des Golfes von Mexiko erstreckt sich von der Südspitze Floridas bis zur Grenze Mexikos, wenn man den Anteil Amerikas berücksichtigt. Sie hat eine Länge von 2 624 km; die Länge des Strandverlaufs beträgt sogar 27 580 Kilometer. Das Klima ist gemäßigt subtropisch mit den höchsten Niederschlagsmengen Amerikas und von durchschnittlich hoher Luftfeuchtigkeit.
Landschaftlich reizvoll und für den Europäer gut zugänglich sind vorwiegend die Küstengebiete West-Floridas; sehr interessant ist auch das Mississippi-Delta südlich der Weltstadt New Orleans.

Feuchtwarmes südliches Klima läßt Gärten ...

... und Dschungelwuchs üppig gedeihen

▲
◀ Sumpfzypressen (Pondcypress) säumen den Golf

Vogelparadies bei New Orleans: Bird City

Die Pazifikküste

Von den vier großen Weltmeeren ist der Pazifische Ozean mit 166 Mio. km^2 Fläche nicht nur bei weitem der größte, sondern mit einer durchschnittlichen Tiefe von rund 3 940 m auch der abgründigste.
Im Osten seines nördlich des Äquators gelegenen Anteils bildet er Amerikas Westküste mit einer Ausdehnung von 2 080 km entlang der Staaten Kalifornien, Oregon und Washington, die Strandlänge beträgt sogar 12 652 km.
Die Gliederung der amerikanischen Pazifikküste ist fast unterschiedslos gekennzeichnet von Steilabfällen der nahen Küstengebirge (Coast Ranges) mit abwechslungsreichen Felswänden, Schluchten und anschließenden Hügellandschaften im kalifornischen Bereich, während weiter nördlich stärkere Bewaldung vorherrscht und zahlreiche, von der Sierra Nevada und dem Kaskaden-Gebirge herabströmende Flüsse in Trichtermündungen enden.
Die großen landschaftlichen Reize des Küstenverlaufs sind einzigartig nicht nur für Amerika, zumal er durch geschickte und großzügige Trassierung der ihn begleitenden Aussichtsstraßen mühelos zugänglich ist. Hervorzuheben ist hier vor allem die CA 1 zwischen Los Angeles und Leggett sowie deren nördliche Fortführung als US 101 über Eureka entlang der gesamten Oregon Coast bis zum Endpunkt Port Angeles, WA, von wo sie wieder zurück nach Olympia führt.

Im Juni ist die kalifornische Küste am einladensten

Morro Rock S.P.
An der CA 1 bei Big Sur

Samuel Boardman S.P., Oregon ▶

Das Appalachen-Gebirge

Die Entstehungsgeschichte der ältesten Gebirgsbildung des amerikanischen Kontinents reicht 500 Mio. Jahre zurück, als sich der Großkontinent Pangaea noch nicht in die Teile Europa und Nordamerika aufgetrennt hatte. Erst als dies vor ca. 250 Mio. Jahren begann, wurden durch plattentektonische Verschiebungen die nordsüdlich verlaufenden heutigen Bergzüge der Appalachen aufgetürmt. Dabei entwickelte sich zunächst ein wahrscheinlich viel höheres Gebirge, als wir es hier jetzt vorfinden, denn schon während der Liftung setzte starke höhenvermindernde Erosion ein, von der wir wissen, daß sie 9 000 m Sedimentgestein von dem nachmaligen Hawksbill-Bereich zu Tale verfrachtet hat.

In historischer Zeit waren die ausgedehnten Bergwaldkuppen eine von regelmäßigen Niederschlägen und gemäßigten Temperaturen bevorzugte Landschaft, deren reiche Verwitterungsböden große Vielfalt an Flora und Fauna ermöglichten. 1 600 Arten höherer Pflanzen gedeihen hier, Voraussetzung für einen gleichartigen Reichtum an unterschiedlichster Tierwelt.

Auch die vielen Eiszeiten der letzten 100 000 Jahre und die vorübergehende völlige Abholzung der Wälder durch fantasielose Siedler bis in das frühe 20. Jahrhundert konnten die natürlichen Fruchtbarkeitspotenzen dieses Gebietes nicht endgültig erschöpfen. Heute ist das 1 800 km lange und bis 2 000 Meter hohe Appalachen-Gebirge wieder zu 95 % bewaldet und in seinem noch immer ansteigenden Überfluß an pflanzlichem und tierischem Leben einzigartig auf dem gesamten Kontinent.

Die Erschließung der schönsten Teile dieses sich durch 10 Bundesstaaten ziehenden Bergwaldgebietes gipfelte erst am Anfang dieses Jahrhunderts in der Vorstellung, wertvolle Areale von privater und kommerzieller Nutzung auszuschließen zum Wohle des amerikanischen Volkes, das sich dort erfreuen und erholen sollte.

Dies gelang zwar nicht kurzfristig, doch die Begeisterung einzelner und die Zustimmung weitester Bevölkerungskreise, die sich längst von der vorwärtsstürmenden Industrialisierung bedroht fühlten, ermöglichten schon 1926 die Gründung des Shenandoah N.P., mit einer Gesamtfläche von 83 000 Hektar, 175 km der Parkstraße Skyline Drive und 480 km Wanderpfaden sowie im gleichen Jahre die Etablierung des Great Smoky N.P. mit 210 000 Hektar Fläche, durchzogen vom Blue Ridge Parkway und 1 400 km Wander- und Reitwegen.

Die Wettersituation dieses ausgedehnten Gebirgsrückens ist stark abhängig vom jeweiligen Aufenthaltsort, im Norden und in den Höhenlagen ist es verständlicherweise viel kühler als weiter südlich und in geringerer Höhe. Wesentlich jedoch ist es zu wissen, daß man auf allen Wanderwegen allein und unabhängig ist, also seine Ideale von Naturerfahrung ungestört verwirklichen kann. Allerdings ist man im Falle benötigter Hilfe oder Informationen auch weitgehend auf sich selbst gestellt.

Die beste Reisezeit ist Juni, weil dann die Rhododendron- und Berglorbeerbüsche blühen; sowie Mitte Oktober, wenn der Wald zu einer in Europa unvorstellbaren Farbensymphonie wird.

Wildtiere: nicht zahm, aber ohne Scheu ▶

Feuchtwarmes Klima füllt die lichten Wälder mit Farn und Wildblumen

Im Herbst leuchtet der Wald

Am Skyline Drive Parkway

Der Mittelwesten

Das zentral auf dem nordamerikanischen Kontinent gelegene Flachland, die Great Plains des mittleren Westens, umfassen ein Viertel seiner Fläche. Es ist ein unendlich erscheinendes Gebiet von nahezu absoluter Horizontalität, ein von langen Trockenperioden und Staubstürmen heimgesuchtes, dürres Grasland, auf dem noch vor wenigen hundert Jahren riesige Bisonherden sich weiträumig äsend bewegten. Bis sich hier eine Ranch auch nur selbst erhalten kann, muß sie Hunderte von Quadratkilometern groß sein. Die Bezeichnung „Bad Lands" ist daher in aller Munde, von den Dakotas bis ins nördliche Texas. Hinzu kommt, daß die Nordstaaten ein oft erbarmungsloses Kontinentalklima zu ertragen haben, mit heißen und trockenen Sommern, unterbrochen nur gelegentlich von verheerenden Wetterstürmen, sowie klirrender Kälte und Schneeblizzards in den Wintermonaten.
Der karge Boden ist für jegliche Art von Ackerbau nahezu unbrauchbar, besteht er doch im wesentlichen aus Geröll und Treibsand, dem Erosionsschutt der sich abtragenden Rocky Mountains, von den Flüssen nur träge durch das Flachland transportiert. Der 1 100 km weit durch die Dakotas fließende James River hat nur 8 cm Gefälle pro Kilometer und ist der wohl längste nicht beschiffbare Fluß Amerikas.
Obwohl die Großen Ebenen beileibe auch kein Reiseland sein können, schon weil die riesigen Entfernungen entgegenstehen, kann man ihren leeren Horizonten doch einen spezifischen Reiz nicht völlig absprechen, kann man von ihren desolaten Sedimentschotter-Arealen sogar fasziniert sein.

Flaming Gorge N.R.A.

Im Südwesten des Bundesstaates Wyoming liegt einer der landschaftlich interessantesten Stauseen, ein Erholungsgebiet von vielseitigen Reizen. Das Flaming Gorge National Recreational Area ist 145 km lang, von fast allen Seiten aus zugänglich und ein Paradies für Angler, Bootsfahrer und Sommersportler. Mit seiner 80 000 Hektar großen Freizeitlandschaft um ihn herum ist er ein wirkliches Refugium für Zivilisationsmüde.

City of Rocks S.P.

Im Südosten von New Mexico, nur wenigen bekannt und von der Interstate 10 dennoch gut erreichbar, liegt ein sehenswertes Gelände riesiger, wunderlich geformter Felsklötze. Die meisten stehen aufrecht, sind rötlich gefärbt und teilweise mit grünlichen Flechten bewachsen, ein zartes Farbenmuster auf dem Riesenspielzeug. Ein idyllischer Campingplatz lädt zum Verweilen und zu Entdeckungen ein.

Schon im Mai trocknen viele Tümpel aus
Die Bisons haben jedes Wetter überstanden, nur den weißen Menschen nicht

Flaming Gorge N.R.A. in Süd-Wyoming ▶

Espenwäldchen zeigen nördliche Kühle an

City of Rocks S.P. in New Mexico

Die Rocky Mountains

Das Felsengebirge durchzieht nahezu den gesamten Westen des nordamerikanischen Kontinents von Kanada bis New Mexico in nordsüdlicher Richtung und wird daher gerne als das Rückgrat Amerikas bezeichnet. Mit seinen über 100 Berggipfeln von mehr als 3 500 Metern stellt es in der Tat eines der beachtlichsten Felsmassive der nördlichen Halbkugel dar, dessen hochalpines Zentrum innerhalb der Grenzen des Staates Colorado liegt.

Jenseits der wenigen großzügig trassierten Durchgangsstraßen öffnet sich dem Bergfreund ein nicht zu dichtes und dennoch unerschöpflich scheinendes System von einfachen, kaum befahrenen Sekundärstraßen, die zu verschwiegenen Alpintälern, blühenden Matten, Gletscherseen und Gipfelpfad-Parkplätzen führen.

Nordwestlich von Denver, CO, liegt der großartige Rocky Mountain National Park. Westlich davon ist schon nach kurzer Fahrstrecke die „Nation's highest paved auto road" erreichbar, auf der man, auch mit dem Campingfahrzeug, bis an den 4 348 m hohen Gipfel des Mount Events hinauffahren kann, allerdings erst ab etwa Mitte Juni.

Blick zum hausdachartigen Gipfel des Longs Peak, 4 345 m

Während das 3 993 m hohe Mount-Emerson-Massiv noch lange Schnee trägt,
blühen 1 000 m tiefer schon die Wälder

Das Colorado-Plateau

Ein Tafelland von dieser Größe wäre in Europa unvorstellbar, denn 390 000 km^2 entsprechen der dreifachen Fläche Deutschlands. Dabei wird dieses durchschnittlich 2 000 m hoch liegende und in großen Teilen aride Plateau von nur einem Flußsystem entwässert, dem Colorado River, dessen Einzugsgebiet noch einmal so groß ist. In diesem geologisch uralten Gebiet von solch enormer Ausdehnung finden sich einige der ungewöhnlichsten und schönsten Naturwunder des Kontinents: Zu nennen wären u.a. der Grand Canyon, der Zion N.P., der Bryce Canyon und das staunenerregende Monument Valley.
Das Prinzip der Entstehung solcher Topographien, die durch die Beschreibung „das Land, das aufrecht steht" nur teilweise gekennzeichnet werden, ist die seit Urzeiten fortschreitende Erosion. Vor 5 bis 7 Mio. Jahren, nachdem die Emporliftung dieses ausgedehnten Teiles der Erdkruste zu Ende ging, lösten die in jener Zeit reichlichen Niederschläge die Sedimentgesteinslagen. Der Frost sprengte weichere Schichten und Sonnenglast ließ spröderes Material zerkrümeln. Dies wurde vom Wasser fortlaufend auf ein niedrigeres Niveau weggeschwemmt. Gräben und Täler entstanden, Uferzonen brachen weg, immer tiefer fraßen sich die reißenden Ströme in die anstehenden Formationen unterschiedlichster Dichte und Festigkeit. Heute schließlich ist das gesamte Plateau längst derart tief drainiert, daß seine Oberfläche durch Wassermangel den Charakter einer Halbwüste angenommen hat, in vielen Bereichen sogar vegetationslos wurde. Für den Naturtouristen ergeben sich gerade hieraus Erlebnismöglichkeiten jenseits sonstiger Erfahrungen mit nördlich-gemäßigten Klimazonen.

Monument Valley

Kaum ein Naturwunder dieser Erde hat in diesem Jahrhundert einen vergleichbaren Bekanntheitsgrad oder annähernd eine solche Berühmtheit beim Durchschnittsbürger aller Länder erlangt wie das Monument Valley. Die Gründe hierfür sind allerdings einleuchtend: Seit vielen Jahrzehnten wurde dieses einmalige und einprägsame Felswüstenareal als Schauplatz zahlreicher Spielfilme und TV-Produktionen verwendet. Aber welch Szenerie bietet sich dem Auge hier, welch kühnste Erwartungen der Phantasie werden hier überschritten, welch einmalige, erhabene Schönheit begegnet hier dem Ästheten. Steile Felsblockwände mit Krypten, Vorsprüngen, Spannbögen und klotzigen Türmen, jede dieser Wände scheinbar von einem anderen Baumeister geschaffen. Aufragende Felsnadeln von balancierender Fragilität und doch zeitlos monumental erscheinend, sind von den Sinnen nur außerhalb aller Erfahrung einzuordnen, mit Worten nicht zu vermitteln. Ein Wunder. Das ca. 12 000 Hektar große Gebiet im Navajo-Indianerreservat wurde 1958 als National Monument unter Schutz gestellt.

Goosenecks of the San Juan River

Im äußersten Südosten von Utah windet sich der San Juan River, einer der größeren Nebenflüsse des Colorado, der tief eingeschnitten im Colorado-Plateau liegt, in spektakulären Schleifen dem Lake Powell entgegen. Von einem Aussichtsparkplatz aus kann man, was nur wenige Touristen zu wissen scheinen, einen ungewöhnlichen Blick auf gleichzeitig drei Schleifen des canyonartigen Flußverlaufes werfen. Die Zufahrt beträgt nur wenige Meilen von der US 163 zwischen Kajenta, AZ, und Moab, UT, und ist deshalb ein sehr lohnender Abstecher.

Der Kojote ist das anpassungsfähigste Tier des Kontinents

◀◀ Yei be Chei und Totem Pole ◀ Rain God Mesa

Antelope Canyon

Das für europäische Denkmaßstäbe mit 600 000 km^2 fast unvorstellbar große Colorado-Plateau, vor 65 Mio. Jahren entstanden, wird nur vom Colorado River und seinen zuführenden Flüssen Escalante River, Green River, Little Colorado und Virgin River entwässert. Meist liegen diese sehr irregulär in tiefen Schluchten der unterliegenden Gesteinsformationen.
Aber nicht nur die großen, malerischen und ehrfurchtgebietenden Canyons erregen unser fassungsloses Erstaunen, auch Naturwunder kleineren Ausmaßes können außerordentlich eindrucksvoll sein. Zu ihnen gehören mit Sicherheit die erst seit weniger als 100 Jahren weiten Kreisen bekannt gewordenen Slot Canyons in den Rotsandstein-Felsen Nordarizonas.
Insbesondere der dreiteilige Antelope Canyon südöstlich von Page hat in letzter Zeit wegen seiner günstigen Lage und Zugänglichkeit viele Bewunderer gefunden. Eine veranschaulichende Beschreibung fällt schwer, schon die ortsüblichen Namensgebungen Corkscrew Canyon, The Crack, The Wind Caves etc. machen dies deutlich. Tatsächlich handelt es sich um nur wenige Meter weite, jedoch bis 35 m tiefe, in allen drei Dimensionen gewundene Einschluchtungen in den rotschimmernden Navajo-Sandstein, geformt über Jahrmillionen durch turbulente Wasserströme, deren eilige Verwirbelung immer tiefere Aushöhlungen und bogige Erweiterungen bewirkten. Nach geologischer Hebung des Plateaugebietes sowie zunehmender Trockenheit des Klimas konnten nur die sandtragenden Wüstenwinde an den vorbestehenden Formen weiterwirken.
Dem heutigen Besucher bietet sich ein absolut faszinierender, weil vergleichsloser Eindruck, denn die vom schmalen Canyonboden aufschwingenden Seitenwände sind ohne jede Gerade, sondern voller wunderlich-unregelmäßiger Kurven, Bögen und mehrdimensionalen Spiralformen. Jeder Schritt eröffnet neue Perspektiven, neues Erstaunen und am Ende das Gefühl der Ehrfurcht.

Meteor Crater

Auf dem südlichen Colorado-Plateau in Arizona, zwischen Flagstaff und Winslow, wurde 1871 ein 1 265 m weiter und 174 m tiefer Krater entdeckt, der für vulkanischen Ursprungs gehalten wurde, da viele andere in geringer Entfernung bereits bekannt waren. Wenige Jahre später fand ein Schäfer ein Stück Metall in der westlichen Umgebung und glaubte, es sei Silber. Die Analyse ergab statt dessen einen Gehalt von 92 % Eisen, 7 % Nickel und 0,5 % Kobalt, Platin und Iridium. Daraufhin begann man zu bohren und zu graben. 1903 erwarb Daniel Moreau Barringer, ein Bergbauingenieur, das Kratergebiet und veranlaßte genauere wissenschaftliche Untersuchungen. Bald stellte sich zweifelsfrei heraus, daß es sich um einen Einschlagskrater handelt, der vor mindestens 22 000 Jahren durch den Absturz eines Meteoriten entstanden sein mußte. Dessen Gewicht wurde auf annähernd 10 Mio. Tonnen, seine Geschwindigkeit auf ca. 15 km/s berechnet.
Heute kann man im angegliederten Museum aus 450 m Tiefe ausgegrabene Trümmerstücke des Meteoriten besichtigen, das größte mit einem Gewicht von 638 kg. Außerdem gibt es weitere höchst interessante Fakten und Fundstücke zu sehen.

Vom Flugzeug zeigt sich die Tiefe und Ausdehnung des Einschlagskraters besonders eindrücklich

Der Colorado-Stausee Lake Powell ist ein weitverzweigtes Wasserparadies mit vielen traulichen Ankerplätzen und Schluchten

Red Rock Crossing, südlich Sedona, Arizona ▶

Die Sierra Nevada

Entlang der östlichen Grenze Kaliforniens zum Bundesstaat Nevada erstreckt sich ein 600 km langer und 100 km breiter Gebirgszug von imponierender Mächtigkeit, die vielgipfelige Sierra Nevada. Ihre höchste Erhebung, der 4 418 m messende Mount Whitney, ist in den 48 Kontinentalstaaten der USA, außer Alaska, unübertroffen. Über 1 400 Seen und 40 Gletscher, meist an den Nordostwinkeln der Bergspitzen, zahllose Bäche, Wasserfälle und Flüsse, Granitdome und Alpintäler kennzeichnen die reizvolle von den Eiszeiten geschaffene Gebirgsszenerie.

Die Sierra Nevada ist, insbesondere von der westlichen Seite her, durch zahlreiche Straßenführungen bis in die einsamsten Waldtäler gut zugänglich und voller Überraschungen. Im Westen des Gebirges begleitet die seit dem spektakulären Goldrausch von 1849 berühmte Staatsstraße 49 die steilhügeligen Ausläufer, diesseits derer sich die fruchtbarsten Täler Amerikas, nämlich Sacramento Valley und San Joaquin Valley, ausdehnen.

Im Osten der Sierra verläuft parallel das zauberhafte Owens Valley, von dem sich auf Hunderte Kilometer immer neue, überwältigende Sichten auf die dort steil abfallende, schneegekrönte Gipfelkette darbieten. Der in 1 899 m Höhe liegende, 500 km^2 große Lake Tahoe ist allein einen mehrtägigen Besuch wert.

Mount Whitney-Gruppe, 4 418 m

Der Lake Tahoe, 1 899 m hoch, 500 km^2 groß
June Lake, fast wie im Voralpenland

Die Bristlecone-Kiefern in der Schulman Grove
Diese ältesten Bäume der Welt werden 4 000 Jahre alt

Mono Lake und Craters

Wer den Yosemite N.P. in östlicher Richtung über den 3 031 m hohen Tioga-Pass verläßt oder von Osten her die gleiche Strecke fährt, bewegt sich auf der US 395 und berührt die Kleinstadt Lee Vining. Südöstlich dieser Stadt befindet sich die jüngste nordamerikanische Bergkette, die Mono Craters. Ihre 21 Berggipfel sind allesamt vulkanischen Ursprungs, also keine Berge im engeren Sinne, sondern Eruptionskegel in verschiedener, teilweise einander überlappender Konusform. Die Entstehung dieser auf einer 30 km langen Linie liegenden Vulkane reicht bis etwa 35 000 Jahre zurück, wobei der bisher jüngste, der Panum Crater, gerade erst 600 Jahre alt ist. Selbst unter dem nördlich benachbarten ausgedehnten und fast 1 Mio. Jahre alten Mono Lake, einem der ältesten Seen des Kontinents, der nach der letzten Eiszeit noch 200 m tiefer lag, explodierte vor 13 000 Jahren ein gewaltiger Vulkan, der heute als Black Point berühmt ist für seine 6-15 m tiefen und nur 1 m breiten Felsspalten, die beim Zerbersten der Vulkanspitze entstanden. Der 153 km^2 große Mono Lake selbst ist eine naturwissenschaftliche Sehenswürdigkeit ganz besonderer Art und unvergleichlich.
Seit Urzeiten sind die Bäche und Flüsse der umliegenden Gebirge in das Mono-Basin, das ein abflußloses Becken ist, gelaufen und haben ihre mitgeführten Mineralien in den entstehenden See eingebracht. Die fortwährende Wasserverdunstung jedoch hat den Gehalt an Salzen und Feststoffen stetig ansteigen lassen, mit dem Ergebnis, daß der See heute etwa 2 1/2mal so salzhaltig und 80mal alkalischer ist als das Meerwasser. Man kann dies sehr leicht an dem seifig-glatten Gefühl überprüfen, wenn man im See badet. Außerdem erfährt man einen viel stärkeren Auftrieb erfährt als gewohnt, was eine eigenartige Erfahrung ist. Durch den hohen Salzgehalt ist das Wasser allerdings so antibiologisch wirksam, daß nur sehr wenige niedere Tierarten darin leben können. Fische können es nicht. Grüne Algen ernähren sich unter Sonnenlicht von organischen Zerfallsprodukten, dienen selbst aber als einzige Kalorienquelle für eine Salzfliegenart (Ephedra hydrans) und einen hochangepaßten Kleinkrebs (Artemia monica). Von beiden Tierarten in ihren verschiedenen Entwicklungsstufen aber leben 80 verschiedene Vogelarten, die zum Teil dort heimisch sind, vor allem jedoch solche, die auf ihrem bis zu 8 000 km langen Flugweg vom Polarkreis bis nach Bolivien und Argentinien teilweise 60-70 Stunden nonstop unterwegs sind und nur am Mono Lake eine Ruhe- und Nahrungsphase einlegen, um ihr verbrauchtes Fettdepot wieder durch Intensivernährung aufzufüllen. Dann bevölkern bis zu 1 Mio. Zugvögel den Mono Lake. Deshalb erregte es besondere Besorgnis und Empörung, als die Stadt Los Angeles seit 1941 daran ging, die dem Mono Lake wasserzuführenden Flüsse zu kappen und in das Wasserversorgungssystem von Los Angeles abzuleiten. Seitdem ist der Seespiegel um über 12 m gesunken, was ein schwerer Eingriff in das ökologische Gleichgewicht ist.
Eine sonst nirgends zu findende Merkwürdigkeit der Natur ist allerdings erst durch das Absinken des Seespiegels zum Vorschein gekommen. Es sind die vielgestaltigen weißen Säulen aus Kalksediment (Tufa), die sich unter dem früher höheren Seespiegel gebildet hatten. Heute stehen sie größtenteils über dem Wasserspiegel, oft sogar weit am Rand. Durch die Kräfte der natürlichen Erosion und durch Wind und Wetter sind sie aber zum Zerfall binnen weniger Jahrhunderte verurteilt.

◀ Grandioser Blick von den White Mountains auf die westliche Gipfelkette der Sierra Nevada

Der Mono Lake ist fast 1 Million Jahre alt und noch immer vulkanisch

Erst vor 600 Jahren ist der Panum Crater explosiv entstanden

Die Wüsten

Die Wüsten Amerikas sind zwar weder in Größe noch in Art ihres völlig ariden Charakters mit den geläufigen großen Wüsten der Erde in Australien, Afrika oder Asien vergleichbar, doch stellen sie eine Landschaftsform dar, die sich in Ausdehnung, Vegetation und Tierwelt völlig vom restlichen Kontinent unterscheidet.
Mehrere Faktoren trugen zur Entstehung dieser ausschließlich im Westen liegenden Trockenzonen bei. Zum einen ist zu bedenken, daß Amerikas besiedelte Gebiete durchschnittlich um 10 bis 20 Grad südlicher liegen als das mittlere Europa, also in einem deutlich wärmeren Klima. Andererseits werden durch die vorwiegend nordsüdlich orientierten Gebirgszüge der Coast Range, Sierra Nevada und Sierra San Pedro sowie Sierra Padre die feuchten, aus nordwestlicher Richtung kommenden Pazifikwinde abgefangen, ihr Niederschlagspotential an deren Westhängen abgeregnet.
Hohe Durchschnittstemperaturen und geringe Feuchtigkeit sind die Hauptursachen der Wüstenbildungen. Hinzu kommt die ungünstige jährliche Verteilung des für jeden Pflanzenwuchs unverzichtbaren Niederschlags. Gelegentliche, aber äußerst unregelmäßige, in manchen Jahren ganz ausfallende Regenfälle in Form kurzzeitiger Gewitterstürme ermöglichen kein stetes Wachstum, weil der größte Teil plötzlich verfügbaren Wassers nicht in den verfestigten Boden eindringen kann, sondern sofort, alle oberflächliche Lockerschicht mitreißend, abfließt und auf Dauer verlorengeht. Dennoch vermag eine Reihe hochangepaßter Pflanzen, wie Kakteen, Dornenhölzer und Bodenkriecher, unter kärglichsten Bedingungen zu überleben, sogar nach jahrelanger biologischer Ruhe über Nacht ins blühende Leben zurückzuspringen, wenn plötzlich die Voraussetzungen dazu eintreten. Dann blüht die Wüste in allen Farben, und auch die Tierwelt erwacht mit zahlreichen Arten.
Die drei besuchenswertesten Wüsten sind die Mohave, die Sonora und Anza Borrego Desert, ein günstig erreichbarer State Park südöstlich von Los Angeles.

Nach einem feuchten Winter kann die Wüste ein Blütenmeer werden

Hell's Backbone

Der weite Westen Nordamerikas ist ein offenes Geologiebuch, wobei wüstenhafte Erosionsgebiete keine geringe Rolle spielen. Fast alle sind in ihrer skurrilen Trostlosigkeit durchaus sehenswert. Eines dieser Gebiete ist Hell's Backbone im südlichen Utah, östlich Escalante. Hier hat sich der Boulder Creek Hunderte von Meter tief in das Millionen alte Sedimentgestein gegraben.

„Rückgrat der Hölle" nannten frühere Landsucher diese ungastlichen Felsrücken ▸

„Nadelkissen-Kaktus" ist eine noch verharmlosende Bezeichnung für so viel Abwehr

Kein Durchkommen für Mensch und Tier beim großen Treck ▸

Hell's Half Acre

Mitten im Bundesstaat Wyoming, südöstlich des berühmten Yellowstone-Nationalparks, zwischen Riverton und Caspar, liegt ein nahezu unbegehbares Areal schroffer Verwitterungs-Formationen von 130 Hektar Größe. Von dem direkt an der US 20 liegenden Parkplatz kann man die schalenförmige Erosionszone mit Türmchen, Säulen und Figuren gut überschauen und sich an dem Anblick erfreuen.

Das Kaskaden-Gebirge

Der Westen des nordamerikanischen Kontinents ist von mehreren mächtigen Gebirgszügen geprägt, die alle in annähernd nordsüdlicher Richtung verlaufen. Parallel zur Pazifikküste erheben sich, über eine Länge von 1 900 km, zunächst die bis zu Höhen von über 2 000 m ansteigenden Küstengebirge, die Coast Range. Östlich daran anschließend liegen in den Staaten Washington, Oregon und im nördlichen Kalifornien weite Ebenen, deren Fruchtbarkeit besonders im Sonnenstaat begünstigt wird durch die hohen Niederschlagsmengen an den Westhängen des vulkanischen Gebirgszuges Cascade Range, dem vielgipfeligen Kaskaden-Gebirge.
Diese gewaltige Kette von Vulkanbergen, deren Gipfel 3 000 m meist überschreiten, wurde schon vor 100 Millionen Jahren durch plattentektonische Verschiebungen der Erdkruste aufgetürmt. Die eigentlichen Eruptionskegel jedoch entstanden erst vor rund 1 Million Jahren. Viele dieser Vulkane sind heute noch aktiv, wie der unerwartete und verheerende Ausbruch des Mount St. Helens im Jahre 1980 bewies.
Einige dieser ganzjährig mit Gipfelschnee gekrönten Kegelberge bezaubern den Betrachter und lassen die potentielle Gefährlichkeit vergessen. Darüber hinaus ist das Klima hier wesentlich rauher. So fallen am Mount Rainier bis zu 15 m (!) Schnee, am Crater Lake 12 m und auf den Hängen, die die nordwestlichen feuchten Pazifikwinde abfangen, beträchtliche Regenmengen. Im Spätsommer jedoch empfängt den Besucher meist stabiles Sonnenwetter und eine üppige, blühende Vegetation.

Mount Hood, 3 424 m, immer wieder drohend, vom Lost Lake ▶

Three Sisters werden drei mächtige Eruptivkegel in Zentral-Oregon genannt, deren Lavaströme immer wieder weite Landstriche verwüsten ▶▶

Altvulkan Bachelor Butte ▼

Der 4 317 m hohe Mount Shasta brach 1840 letztmalig aus und wird als hochgefährlich eingeschätzt

Mount St. Helens

Es ist zwar schon einige Jahre her, aber da der Ausbruch dieses Vulkans einzigartig in der geologischen Geschichte der USA ist, sollte er hier nicht übergangen werden.
Im späten März des Jahres 1980 mehrten sich die Anzeichen, daß die vulkanischen Aktivitäten des Berges, der zuletzt 1842 bis 1857 heftige Ausbrüche geliefert hatte, wieder zu erwachen begannen. Erdbebenserien, deren Zentren sich dem Vulkan näherten, intensivierten sich in Stärke und Häufigkeit. Bald bildeten sich kleine Krateröffnungen, aus denen Rauch und Asche ausgestoßen wurden, bis ein Trichter von 500 m Weite und 260 m Tiefe entstanden war. Dann schienen die plutonischen Kräfte nachzulassen. Kurze Zeit später aber zeigte sich am oberen Bereich der nördlichen Bergflanke eine deutliche Auswölbung, die sich täglich um 1-2 m vergrößerte, während die Gipfelausbrüche sich mit unterschiedlicher Vehemenz fortsetzten.

Inzwischen hatten Presseberichte und Fernsehreporte die Öffentlichkeit zunehmend über dieses neu entstandene Naturphänomen informiert und Wissenschaftler, interessierte Naturfreunde und Neugierige aus aller Welt angelockt, die die Wandlungen eines der schönsten Berge des Westens innerhalb idyllischer Waldeinsamkeit in ein feuerspeiendes Ungetüm aus eigener Anschauung verfolgen wollten. Hunderte von Sensationstouristen, Einzelwanderern und Campergruppen schwärmten in das bedrohte Gelände. Die Straßen und Forstwege mußten blockiert werden. Sie wurden umgangen. Jede Kontrolle ging verloren. Der Berg aber ruhte sich nur aus. Schon hatte die Vorwölbung am Gipfel rund 150 m Stärke erreicht. Die Erde erzitterte nun fast pausenlos, und von den Gipfelflanken gingen Schnee- und Eislawinen nieder. Ein größerer Ausbruch war absehbar. Der Gouverneur von Washington ließ das gesamte Bergmassiv im Umkreis von 16 km sperren. Die Wissenschaftler auf den offiziellen Meßstationen zogen hastig auf entferntere Punkte um, der prominenteste unter ihnen, David Johnston, weit vom Gipfel entfernt. Noch am 17. Mai erhielt eine Gruppe von Wochenendsiedlern die auf vier Stunden begrenzte Erlaubnis, unter polizeilicher Begleitung Wertsachen aus ihren Häusern zu holen. Erst spät nachts am Sonnabend kehrten sie zurück.

Der 18. Mai, ein ruhiger, sonnenklarer Sonntagmorgen, versprach ein herrlicher Frühlingstag zu werden. Viele Camper, die meisten ohne Sondererlaubnis, krochen gerade aus ihrem Zelt, warfen einen ersten prüfenden Blick auf den faszinierenden Gipfelberg. David Johnston war schon lange auf seinem Beobachtungsposten, sein Sprechfunkgerät mit Verbindung zur geologischen Zentrale in der Hand.

Plötzlich erstarrten alle in schrecklichem Erstaunen: Ein gewaltiger Erdstoß ließ sie taumeln. Fast gleichzeitig brach die obere Bergflanke auf, und der gesamte Gipfel explodierte, die Hölle schien los. Binnen Sekunden schoß eine vielförmige, wie schwarzer Blumenkohl aufsteigende Eruptionswolke in den azurblauen Himmel, während gleichzeitig der weggesprengte Konus mit rasender Geschwindigkeit zu Tale stürzte. David Johnston 8,8 km entfernt, rief noch in höchst freudiger Erregung in sein Mikrofon: „Vancouver, Vancouver! This is it!" Er wurde nie gefunden. Wo er stand, liegt seitdem eine 15 m hohe Lage von Vulkangestein, verbrannten Bäumen und Schlamm.

Die Gewalt des Ausbruches war nahezu unvorstellbar: 300 km/h überschritt die Geröll-Lawine aus dem Material des Vulkangipfels, um 400 m war dessen Höhe geschrumpft, ein Kubikkilometer Gefels war bis zu 20 km hoch in die Stratosphäre geschleudert worden oder abgestürzt, 500 Quadratkilometer Wald waren verbrannt oder niedergefegt, 1,5 Mio. Säugetiere und Vögel erstickt, 500 000 Fische verkocht, Tausende Quadratkilometer Land von hohen Aschenlagen verwüstet, 60 Menschen in dem Inferno umgekommen.

Spätere Berechnungen ergaben eine Zerstörungskraft, die 500 Atombomben übertraf. Es dauerte viele Monate, bis sich der geschundene Berg beruhigte. Heute steht am Rande der Katastrophenzone ein hochinteressantes Visitor Center. Ein improvisiertes Straßensystem wurde geschaffen, und Wandertouren, die von Rangern geführt werden, sowie eine faszinierende Aussichtsplattform ermöglichen Einblicke in den weiten Krater.

Zwei Jahre später sprießt zaghaft neuer Wuchs aus der Verwüstung ▶

Die großen Flüsse

Nordamerikas Westen ist topographisch geteilt durch die 4 000 km lange Gebirgsmasse der Rocky Mountains, deren Gipfelkette sich von Kanada südlich bis zur mexikanischen Grenze erstreckt. Entlang ihrer höchsten Erhebungen zieht sich die Great Continental Divide, an deren beiden Seiten alle Wasser entweder westlich in den Pazifik oder nach Süden und Osten in den Golf von Mexiko und den Atlantik fließen. Die allgemeine Richtung jedes größeren Flusses ist dabei stets der Süden. Ursache hierfür ist das Nordsüd-Gefälle des Landes, das von den großen Gebirgszügen des Kontinents noch unterstrichen wird.

Der längste Fluß im Westen Amerikas ist der Colorado River, mit 2 350 km der zweitlängste Fluß des Landes. Von seinem Ursprung im Rocky Mountain N.M. in der Nähe des 3 944 hohen Mount Richthofen bis zur Mündung in den Golf von Kalifornien legt er ein Gefälle von über 3 500 Höhenmetern zurück. Seine Nebenflüsse sind bezüglich ihrer Wasserführung beinahe vernachlässigbar, da der Colorado auf seinem stark gewundenen Verlauf ein riesiges Gebiet durch Tausende von kleinen Zuflüssen direkt drainiert.

Ganz anders stellt sich dagegen der gewaltige Mississippi, mit 3 765 km weitaus längster und mit dem Missouri, 6 050 km, wasserreichster Fluß des Gesamtkontinents dar. Sein Stromgebiet entwässert 40 % der USA zwischen den Rocky Mountains im Westen und der östlichen Gebirgsbarriere der Appalachen. Von seinem Quellsee Lake Itasca in Minnesota bis zu seiner Deltamündung südlich von New Orleans beträgt sein Höhenverlust nur rund 450 m. Es ist daher verständlich, daß der bald erreichte Wasserreichtum in Verbindung mit dem geringen Gefälle entlang der früheren Gletschermulden den Fluß über weite Strecken mäandern läßt. Noch heute ändert sich nach jeder Flutwelle häufig die örtliche Hauptrichtung der Stromführung an vielen Stellen, ohne danach ins alte Bett zurückzufinden. Niedrige Flußränder aus lockerem Schwemmland, minimale Höhenunterschiede der weiten Niederungen und ergiebige sommerliche Niederschlagsmengen sind daher eine ständige Bedrohung, insbesondere für die unteren wasserreichen Gebiete dieses gewaltigen Stromes. Gerade dort jedoch ist die vom südlich temperierten Wetter begünstigte Fruchtbarkeit des Bodens am größten, das landwirtschaftliche Ressourcenpotential am reichsten.

Der Columbia River, drittgrößter Fluß Amerikas, entspringt im Columbia Lake Britisch-Kolumbiens in Westkanada, um nach 1 998 km zwischen den Staaten Oregon und Washington in den Pazifischen Ozean zu münden.

Auf seiner langen Reise beschreibt er zwei ausgedehnte Bögen westlich der Rocky Mountains, nimmt dabei die wasserreichen Zuflüsse Spokane und Snake River auf und schlängelt sich dann die letzten 350 km zwischen den 18 Mio. Jahre alten Basaltsäulenlagen des 500 000 km großen Columbia-Plateaus hindurch. Das Columbia-Plateau ist eine Landmasse vulkanischen Ursprungs von 400 000 Kubikkilometern Mächtigkeit.

Anders als in Europa sind selbst die größeren Flüsse wunderbar sauber und fischreich ▶

Snake River, Idaho ▲

Rogue River, Oregon ▼

Umweltschutz-Idee und Umweltbedrohung

War die Schaffung der National Parks und verwandter Naturschutzgebiete ursprünglich von der Erkenntnis einzelner ausgegangen, daß Bereiche großer und einmaliger Naturschönheiten für kommende Generationen erhalten werden sollten, indem man sie durch staatliche Rechtsverordnungen vor privater Ausbeutung schützte, so fanden solche Überlegungen bald allgemeine Zustimmung.
Bald wurden Naturvereine, Wandergruppen und Alpingesellschaften gegründet, Naturfreunde jeglicher Art fanden zusammen und verfolgten ihre Ziele, folgten ihren Überzeugungen.
Diese Naturbegeisterung des frühen 20. Jahrhunderts nahm schnell große Verbreitung an. Als bald darauf das Automobil verfügbar wurde, das heute praktisch jeden mühelos in die entlegensten Winkel bringen kann, wurden aber die großartigsten Naturareale bald überrannt, das verschwiegenste Idyll durch Überfüllung entwertet.
Neben diesen eher ideellen Einbußen entstand jedoch ein weiteres, viel schwerwiegenderes Problem: Der Mensch hinterließ Spuren. Straßen mußten geführt werden, Pfade geschlagen und befestigt werden, Versorgungseinrichtungen zur Verfügung stehen. Die Zerstörung des einst als absolut schutzwürdig Angesehenen begann: Rehe und Hirsche verließen ihr Stammgebiet, Flüsse wurden leer gefischt, Lärm, Lagerfeuer, Rauch und Autoabgase ließen die schönsten Gebiete zur Kulisse werden. An Trampelpfaden ungeduldiger Pfadabkürzer setzte zerstörende Erosion ein, die Schutzgebiete wurden mehr geschädigt als die ungeschützte Natur anderswo.
Seit die Besucherzahlen der beliebtesten und am leichtesten erreichbaren Nationalparks jedes Jahr weiter anschwellen und z.B. für Yosemite, Grand Canyon und Yellowstone bei 3 bis 5 Mio. naturhungriger Touristen pro Saison liegen, stellt man ernsthaft die Frage nach Präventionsmaßnahmen, um diese einzigartigen Schutzgebiete vor denen zu schützen, für die sie vor 100 Jahren eigentlich konzipiert wurden.
Die Aufgabe ist schwierig, die Meinungen kontrovers. Jeder weiß, daß Entscheidendes verändert werden muß, nicht aber, welche Maßnahmen erforderlich sind und dennoch zumutbar. Es scheint, daß man gut daran tut, die schönsten und erregendsten Naturareale so bald wie möglich zu besuchen, noch ehe empfindliche Restriktionen bezüglich Art und Umfang touristischer Zugänglichkeit erlassen werden, erlassen werden müssen, um die ursprüngliche Idee „zum Wohle und der Erbauung des Volkes“ nicht ad absurdum zu führen.

◀ Niagara-Fälle (Horseshoe Fall, Ontario)

Anfahrt und Zugang zu den Parks

Die Zahlen in Klammern sind Meilenangaben

Antelope Canyon

Zugang: Da auf dem Gebiet des Navajo-Indianerreservats liegend, wende man sich um Eintrittserlaubnis an „Le Chee Chapter House", P.O. Box 1257, Page AZ 86040, Telefon (602) 698-3272, oder direkt an Chapter House, Copper Mine Road, ca. 7 km (4,3) südlich von Page, Route 20.

Arches N.P.

Besonders sehenswert und daher von der gut befestigten Parkstraße aus leicht zu sehen, oder über kurze Fußpfade bequem zu erreichen, sind, ausgehend vom Visitor Center: South Park Avenue, eine Felswandgruppe von imponierender Mächtigkeit. Von hier führt ein 1,6 km (1) langer Pfad entlang der Park Avenue zur nächsten Felsengruppe. North Park Avenue, mit The Organ, Tower of Bable, rechts der Straße, sowie die spaßigen Figuren Three Gossips und Sheep Rock, links. Weiter führt die Straße in aufsteigendem Bogen, links The Great Wall, rechts das weite Gelände der versteinerten Dünen Petrified Dunes, besonders eindrucksvoll bei niedrigem Sonnenstand. 15 km (9,3) vom Eingang entfernt, erreicht man den weithin sichtbaren Balanced Rock, den man umwandern sollte. Kurz danach zweigt eine 4 km (2,5) lange Stichstraße ab zur The Windows Section, mit zwei Parkplätzen und Toiletten (kein Wasser!).
Zufahrt: Ausgangspunkt für den Besuch des Arches National Parks ist am besten die 8 km (5) südlich des Parks an der US 191 liegende Kleinstadt Moab. Hier findet man alle Versorgungseinrichtungen, wie Motels, private Campingplätze, Supermärkte und Tankstellen. Moab ist zugleich der einzige praktische Platz, um den Canyonlands National Park, der 69 km (43) entfernt ist, und den Dead Horse Point State Park in einer Entfernung von 50 km (31) zu erreichen.

Anschrift: Superintendent
Arches National Park,
P.O. Box 907 Moab, UT 84532,
Telefon (801) 259-8161

Black Canyon of the Gunnison N.M.

Um die vielfach gewundene Canyon-Landschaft in ihren interessantesten Perspektiven erfassen zu können, folge man der vorzüglich angelegten Aussichtsstraße CO 347, an der schon kurz nach Eintritt in den Park ein gut ausgestattetes Visitor Center liegt. Hier erhält man auch gratis die offizielle Parkbroschüre mit Lageplan und erklärenden Texten. Von hier aus führt die Straße entlang dem Südrand des Canyon, der schon aus Gründen des durchschnittlichen Sonnenstandes viel günstigere Einblicksmöglichkeiten bietet als der nur umständlich anfahrbare Nordrand.
Zufahrt: Ausgangspunkt für den Besuch des Monuments, hier sei nur dessen Südrand empfohlen, ist die 24 km (14,9) südwestlich davon gelegene Kleinstadt Montrose, mit schneller Zufahrt über die US 50 und CO 347. Dort gibt es Unterkunfts- und Versorgungsmöglichkeiten. Auch Flug- und Busverbindungen können gebucht werden, um die Entfernung zeitsparend zu überbrücken.

Anschrift: Superintendent
Black Canyon of the Gunnison N.M.
2233 East Main, Suite A
Montrose, CO 81401
Telefon (303) 249-7036

Bryce Canyon N.P.

Obligat sind die nahe beieinanderliegenden Ausblickspunkte Sunrise Point und Sunset Point, deren Bezeichnung schon auf die beste Besuchszeit hinweist. Sie liegen zwischen den beiden Campingplätzen und sind von einer Zufahrtsstraße mit Endparkplätzen aus bequem erreichbar.
Inspiration Point und Bryce Point liegen unmittelbar südlich und überwältigen durch ihre Perspektive. Weiter führt die rund 30 km (18,6) lange Parkstraße in südlicher Richtung, entlang dem Plateauabfall, zu einer weiteren Reihe von Aussichtskanzeln, die allesamt sehenswert sind, weil sie unterschiedlichste Perspektiven vermitteln.
Wanderpfade durchziehen das wunderliche Erosionsgebiet in vielfältiger, kaum erschöpflicher Weise. Hervorzuheben sind der leicht begehbare Navajo-Loop-Trail, beginnend bei Sunset Point und ca. 2,5 km (1,6) lang, sowie der Queens Garden Trail, am Sunrise Point startend und ebenso lang. Diese Fußwege erschließen völlig andere, überraschende Blickwinkel, als sie der Canyonrand ermöglicht, und sind für Fotografen äußerst reizvoll.
Camping ist möglich im North Campground, unmittelbar nördlich des Visitor Centers, und im Sunset Campground, 1,5 km (1) südlich davon.
Unterkunft in Blockhütten findet man von Mai bis September in Bryce Canyon Lodge, TW Sur. Inc., 451 N. Mainstreet, Cedar City, UT 84720, Telefon (801) 586-7686, Motels liegen nahe dem Parkeingang.
Zufahrt zum Park von Westen über die US 89 von Bryce Jct., 11 km (6,8) südlich von Panguitce, dort auf die UT 12 East und UT 63 für 27 km (16,8) bis zum Parkeingang. Von Osten führt die UT 12, eine sehr abwechslungs- und aussichtsreiche Straße, über Bolder und Escalante.

Canyon de Chelly N.M.

Der Canyon de Chelly gliedert sich in zwei etwa gleich lange Canyon-Systeme, den nordöstlich zuführenden Canyon del Muerto, der vom Northrim Drive, 55 km (34,2), und vier Ausblickspunkten aus eingesehen werden kann, sowie dem eigentlichen Canyon de Chelly, in ostwestlicher Richtung verlaufend, der vom 58 km (36) langen Southrime Drive mit 8 Ausblicken erschlossen wird. Obwohl alle „Overlooks" unterschiedliche Einblicke in die Canyon-Schluchten bieten, kann man schwer sagen, welcher der großartigste sei. Dennoch hervorzuheben ist der am weitesten östlich liegende Spider Rock, eine sich 240 m aus dem Talboden erhebende Felssäule aus Rotsandstein, ein Naturmonument von großartiger Einmaligkeit.
Zugang vom Südrand bis zum Flußbett und der White House Ruin, einer Cliff dwelling (Höhlenbehausung) der früheren Anasazi-Indianer. Er ist nur über den ca. 4 km (2,5) langen (hin und zurück) Fußpfad möglich, der vom White House Overlook ausgeht.
Unterkunft und alle Versorgungsmöglichkeiten in Chinle. Die Thunderbird Lodge, Chinle, AZ 86503, ist häufig schon mittags belegt. Einziger Campingplatz ist der Cottonwood Campground in einem idyllischen Wäldchen. Es werden keine Gebühren erhoben. Ankunft und Belegung eines Stellplatzes ist deshalb schon im Laufe des Vormittags zu empfehlen, da First-come-first-served-Regel angewendet wird. Ein gut ausgestattetes Visitor Center liegt unmittelbar davor.
Zufahrt: Das Visitor Center liegt 5 km (3,1) von der AZ 191 in Chinle. Von Gallup, NM, folge man den Straßen 666, 264 zur 191, 159 km (98,8) nach Chinle. Von Grand Canyon, AZ, führen die Straßen 64, 89, 160, 264 zur 191, insgesamt 370 km (229,8). Von Holbrook Petrified Forest, auf der Interstate 40 zur 191.

Anschrift: Superintendent
Canyon de Chelly N.M.
Box 588, Chinle, AZ 86503
Telefon (602) 674-5436

Canyonlands N.P.

Von der Höhenstraße auf dem Plateau führt, noch außerhalb des nördlichen Parkeingangs, eine Stichstraße zum Dead Horse Point, dessen Aussichts-

parkplatz einen grandiosen Blick auf den 600 m tiefer fließenden Colorado River und seinen steilflankigen Canyon bietet.
In südlicher Richtung berührt die Straße zunächst das einfache Visitor Center (meist unbesetzt), dann den interessanten Ausblick in den Shafer Canyon Overlook mit den 3 877 m hohen Manti La Sal Mountains am östlichen Horizont.
Weiter führt die Straße bis zur Gabelung bei Mesa Arch. Rechts geht es zum Upheaval Dome (1 756 m), vermutlich einem tektonischen Einbruchskrater über einem überaktiven Salzstock.
Hat man den Buck Canyon Overlook (1 902 m) passiert, erreicht man den Grand View Point Overlook (1 853 m) mit großartiger Aussicht. Fast noch eindrucksvoller, daher besser auf der Rückfahrt, ist der Green River Overlook (1 829 m), mit dem nahem Willow Flat Campground.
Zur Needles-Region gelangt man von der US 191 über die UT 211, nahe dem malerischen Church Rock abzweigend, rechts vorbei am Newspaper Rock, der Dugout Ranch und den Sixshooters, links aufragend.
Insgesamt ist die Zufahrtsstraße 58 km (36) lang. Von Moab sind es 121 km (75,2) oder 79 km (49) von Monticello, beides Kleinstädtchen mit allen Versorgungs- und Serviceeinrichtungen, Motels sowie privaten Campingplätzen.
Canyonlands National Park bietet für den Touristen weder brauchbare Campingplätze noch andere Hilfen. Trinkwasser gibt es nur in Needles.
Zufahrt: Von Moab an der US 191 über die Interstate 70 und UT 313 sind es 95 km (59) bis zum Islands in the Sky Visitor Center. Zufahrt zu Needles siehe oben.

Anschrift: Superintendent
Canyonlands N.P.
125 West, 200 South
Moab, UT 84532
Telefon (801) 259-7164

Capitol Reef N.P.

Nach dem Besuch des Visitor Centers, welches die erforderlichen Grundkenntnisse über Geologie und Natur des Parks vermittelt, sollte man sich auf die südlich am Campingplatz vorbeiführende Scenic-Drive-Staubstraße begeben, um zunächst den Grand Wash zu Fuß kennenzulernen.
Weiter südlich zweigt von der gleichen Straße der Capitol Gorge-Trail links ab, eine gewaltige Canyonschlucht, zwischen deren aufsteigenden Sandstein-Felswänden man sich bedroht oder geborgen fühlen kann.
Steht dem Touristen weniger Zeit zur Verfügung, so möge er den am Camp nördlich vorbeiführenden Cohab-Canyon durchwandern. Er ist eine gewaltige Felskulisse mit Seitenschluchten, die meist eben bis zur Einmündung nördlich in die UT 24 führt.
Von dort, auf der Straße in Richtung Westen, sieht man den Capitol-Dome, der dem Park den Namen gab, die Hickman Bridge, einen Natursteinbogen, sowie primitive Siedlungshäuser der Mormonen, wie das Old Fruita School House, und alte Obstplantagen.
Beste Reisezeit: Frühjahr und Herbst.

Anschrift: Superintendent
Capitol Reef N.P.
Torrey, UT 84775
Telefon (801) 425-3791

Carlsbad Caverns N.P.

Es gibt zwei Einstiegsarten. Entweder man begibt sich zum natürlichen Eingang der Höhle und durchwandert diese bis zum Fahrstuhl, der ins Visitor Center 230 m hinauffährt, oder man fährt mit ihm hinab ins Höhlenzentrum mit Restaurant und Toiletten, um von dort aus wahlweise zu den in entgegengesetzte Richtungen führenden Höhlengängen vorzudringen.
Der Park hat keinen Campingplatz. Unterkunft und allgemeine Versorgung finden sich in den Ortschaften White's City, 11 km (6,8) an der US 180, oder Carlsbad, New Mexico, 36 km (22,4) nordöstlich. Von El Paso sind es immerhin 288 km (179).

Anschrift: Superintendent
Carlsbad Caverns N.P.
3225 National Park Highway
Carlsbad NM 88220

Cedar Breaks N.M.

Von der Besichtigungsstraße entlang dem Rande des Areals bieten sich folgende Ausblicke an, und zwar von Norden nach Süden: der North View Point, 3 180 m; der Chessman Ridge Overlook, 3 190 m; die Sunset View, 3 156 m; sowie der Point Supreme mit einer Höhe von 3 364 Metern, insgesamt 8 km (5) Fahrt mit hervorragenden Aussichten.
Nahe bei Point Supreme liegt ein einfacher Campingplatz mit 30 Stellplätzen, der aber wegen seiner schneereichen Höhenlage lediglich in den Hochsommermonaten zugänglich ist.
Bei der Zufahrt über die UT 14 sind es 43 km (26,7) von der US 89 bei Long Valley Junction und 37 km (23) von der Interstate 15 bei Cedar City. Oder man fährt auf der UT 143 von Parowan.
In diesen Ortschaften gibt es auch Unterkunft und Versorgungsmöglichkeiten. Das gilt auch für Brianhead und Panguitch.

Anschrift: Superintendent
Cedar Breaks N.M.
P.O. Box 749
Cedar City, UT 84720
Telefon (801) 586-9451

Chiricahua N.M.

Nach Besuch des interessanten Visitor Center belege man frühzeitig einen Stellplatz auf dem einzigen Campingplatz des Nationalmonuments, Bonita. Er hat nämlich nur 26 Stellplätze.
Die bergauf führende Parkstraße passiert bereits nach kurzer Strecke originelle Felsfiguren wie Organ Pipe Rock, Sea Captain und China Boy, und endet bei Massai Point in 2 094 m Höhe an einem Parkplatz mit informierender Aussicht. Von dort führen alle empfehlenswerten Wanderpfade in das skurrile Gelände. Hervorzuheben sind Inspiration Point und Big Balanced Rock sowie das Heart of Rocks-Areal mit den amüsanten Felsfiguren Punch and Judy. Zwei Stunden sollte man hierfür zur Verfügung haben.
Zufahrt: Kürzester Zugang von der Interstate 10, bei Willcox auf die AZ 186 Süd, dort gibt es auch Motels und Serviceleistungen.

Anschrift: Superintendent
Chiricahua N.P.
Dos Cabezas Route, Box 6500
Willcox, AZ 85643
Telefon (602) 824-3560

City of Rocks S.P.

Mehrere Wanderpfade mit immer neuen Perspektiven führen durch das überraschende Areal, keiner länger als eine halbe Stunde.
Der Campingplatz verfügt nur über fließendes Wasser und Toiletten.
Zufahrt: Von der im Süden des S.P. ostwestlich verlaufenden Interstate 10 zweige man bei Demling nördlich ab auf die US 180, dann nach 37 km (23) auf die NM 61 bei Faywood, bald liegt linker Hand die weithin sichtbare Rundfelsenstadt des S.P.

Colorado N.M.

Ein Visitor Center liegt bei Saddlehorn, 6 km (3,7) vom Westeingang, dort ist auch ein Campingplatz mit 81 Stellplätzen. Die Aussichtsstraße Rim Rock Drive entlang dem N.M. ist 35 km (21,7) lang.
Zufahrt: Von der Interstate 70 oder US 6, 24 und 50 nach Grand Junction oder Fruita, dann über CO 340 zum Rim Rock Drive. Eine 56 km (34,8) lange Schleife kann man von Grand Junction aus bequem fahren. Dort findet man auch alle Versorgungsmöglichkeiten und Unterkunft für Nichtcamper.

Anschrift: Superintendent
Colorado N.M.
Fruita, CO 81521
Telefon (303) 858-3617

Crater Lake N.P.

Der Anblick des Crater Lake, erst 1853 von Prospektoren auf Goldsuche zufällig entdeckt, ist zu jeder Tageszeit und aus allen Perspektiven tatsächlich

faszinierend. Von der 53 km (32,9) langen Kraterrand-Ringstraße aus, an der viele Aussichtsparkplätze, Haltestellen und Picknickplätze liegen, hat man großartige und abwechslungsreiche Blicke, sowohl auf die bizarren vulkanischen Formationen der Caldera und den leuchtend tiefblauen Wasserhorizont als auch auf die vielgestaltig umliegende Landschaft. Die Ringstraße wird wegen des jährlichen durchschnittlichen Schneefalles von 14 m (!) meist erst Anfang Juli befahrbar.
Zufahrt: Anfahrt von Süden über Klamath Falls auf der OR 62 N. Von Westen über Medford auf OR 62 S., und von Norden über Bend, auf der US 97 S. In allen drei Städten gibt es gute Versorgungsmöglichkeiten, Benzin und Unterkünfte. Im National Park selbst steht die Crater Lake Lodge (P.O. Box 128 Crater Lake Oregon 97604, Telefon (503) 594-2511) zur Verfügung, und am südlichen Parkeingang der Mazama Campground mit 198 Stellplätzen, Duschen, Trinkwasser und Toiletten.
Anschrift: Superintendent
Crater Lake N.P.
P.O. Box 7
Crater Lake Oregon 97604
Telefon (503) 594-2211

Craters of the Moon N.M.

Nach dem Besuch des sehr informativen Visitor Center nehme man sich genügend Zeit für eine Rundfahrt entlang der Aussichtsstraße, aber auch zum Besteigen der Kraterkegel, um die gähnenden Schlote einzusehen oder den Blick in die Landschaft mit ihren zahllosen Vulkanbergen zu richten.
Der einzige Campingplatz hat 51 Stellplätze mitten in der skurrilen Lavawüste, einmalig. Fantastische Wanderpfade sind die zu Devils Orchard (20 min) und Tree Molds Area (2 Std.).
Zufahrt: Von Arco sind es 29 km (18) über die US 20, 26 und 93 A südwestlich.
Anschrift: Superintendent
Craters of the Moon N.M.
Box 29, Arco, ID 83213
Telefon (208) 527-3257

Death Valley N.M.

Dem Besucher des Death Valley bietet sich eine vielfältige Fülle von interessanten und lehrreichen Punkten, die in dem kostenlosen Faltblatt der Parkverwaltung näher erläutert werden. Deshalb hier einige Anregungen:
Von Stovepipe Wells aus führt eine kurze Stichstraße zum Mosaic-Canyon. 3 km (1,8) östlich hat man gute Sicht zum kürzesten Zugang zu den Mesquite-Flats-Dünen sowie dem 4 km (2,5) weiter liegenden Devil's Cornfield. Etwa 1 km (0,6) nördlich von Furnace Creek, mit Visitor Center, Tankstelle, Motel und Restaurant, kann man den Lehrpfad der Harmony Borax Works besichtigen. Von Furance Creek aus sind es nur 7 km (4,3) auf der CA 190 East zum berühmten Zabriskie Point, einer großartigen Erosionslandschaft, fotografisch am besten bei niedrigem Sonnenstand frühmorgens oder spätnachmittags.
An der CA 178, südlich von Furnace Creek, liegt zunächst Artist's Drive, der am Nachmittag bestes Licht hat. Fährt man die kurze Stichstraße südlich zu Devil's Golf Course weiter, kommt man nach ca. 26 km (16,1) nach Badwater, der mit 82 m unter dem Meeresspiegel die tiefste Stelle des Tales und zugleich die größte Depression der westlichen Hemisphäre ist.
An- und Abfahrt zum Todestal westlich über die US 395 und CA 178 oder 190, im Osten über die US 95 und NV 267, 374 und 373. Südöstlich verläuft die Interstate 15 und verbindet zur CA 127.
Camping ist in neun Campgrounds des Parks möglich, drei davon sind ganzjährig geöffnet.
Furnce Creek, 135 Stellplätze; Mesquite Spring, 50 Stellplätze; und Wildrose, 30 Plätze. Drei weitere Camps sind von Oktober bis April verfügbar: Texas Spring, 93 Plätze; Sunset, 1 000 Plätze; und Stovepipe Wells, 200 Plätze. Drei kleinere Campingplätze sind von April bis Oktober verfügbar: Emigrant mit 10 Plätzen; Thorndike, 8 Plätze; und Mahogany Flat, 10 Plätze. Auf allen Camps, außer den beiden letztgenannten, gibt es fließendes Trinkwasser und Toiletten. Motel-Übernachtung ist nur in Furance Creek Inn und Range möglich. Vorbestellung empfohlen beim Pächter Fred Harvey Inc., P.O. Box 187, Death Valley, CA 92328, Telefon (619) 786-2345.

Devils Tower N.M.

Am Visitor-Center-Parkplatz beginnt ein Lehrpfad zur Basis des Felsenturmes, der 1,5 km (0,9) um ihn herumführt. Erst aus der unmittelbaren Nähe des Turms erschließen sich die wahren Proportionen.
Dem Turm benachbart, etwas weiter südlich, liegt der sehr schöne Campingplatz mit 51 Stellplätzen, geöffnet von Mitte Mai bis Ende September.
Auf dem Weg dorthin, auch schon bei der Zufahrt vom Osteingang sichtbar, berührt man die ganz entzückende Prairie-Dog-Siedlung, wo Hunderte von possierlichen Erdhörnchen in mehrgeschossigen unterirdischen Höhlengängen leben.
Zufahrt: Der Parkeingang an der WY 24 liegt 11 km (6,8) nördlich der US 14 und ca. 47 km (29,2) nordwestlich Sundance, WY, 53 km (32,9) nordöstlich Moorcroft, WY, und 84 km (52,2) südwestlich Belle Fourche, SD. Alle diese Städte verfügen über Motels und Versorgungsmöglichkeiten.
Anschrift: Superintendent
Devils Tower N.M.
P.O. Box 8
Devils Tower, WY 82714
Telefon (307) 467-5370

Dinosaur N.M.

Das Visitor Center befindet sich im Quarry Center nahe dem Westeingang und zeigt eine sehenswerte Übersicht auf die Dinosaurier-Zeit und die Parkgeschichte. Nahebei die beiden Campingplätze Split Mountain, ganzjährig offen mit 35 Stellplätzen, und Green River, von Mai bis September geöffnet, mit 99 Plätzen.
Eine Aussichtsstraße führt sehr informativ zu anderen Fundstellen, ausgehend von der Ortschaft Dinosaur, CO, ca. 40 km südlich. Dort wie auch in Rangely und Craig, CO, sowie Vernal und Jensen: Motels, Service und Tankstellen.
Zufahrt: Westlicher Zugang ab Jensen an der Interstate 40, ca. 20 km (12,4) östlich von Vernal, UT, 11 km zum Visitor Center über die UT 149, der südliche Eingang ab Interstate 40 bei Dinosaur.
Anschrift: Superintendent
Dinosaur N.M.
P.O. Box 210
Dinosaur, CO 81610
Telefon (303) 374-2216

El Morro N.M.

Das Monument hat weder Campingplatz noch Versorgungsmöglichkeiten in seiner Nähe. Nächste Ortschaften sind Gallup, 93 km (57,8) nordwestlich über die NM 53 und 32, sowie Grants, 69 km (42,9) östlich über die NM 53. Dort findet man auch Unterkunft und jeden Service.
Anschrift: Superintendent
El Morro N.M.
Ramah, NM 81321
Telefon (505) 783-4226

Flaming Gorge N.R.A.

Fünf Campingplätze stehen im Norden, Süden sowie im Osten zur Verfügung.
Anfahrt: Von der Interstate 80, 12 km (7,5) westlich von Rock Springs, südlich auf die US 191 abbiegen zum Ostteil des Parks; die westliche Seite hingegen fährt man zwar ebenfalls von der Interstate 80 an, biegt jedoch bei Green River südlich auf die WY 530 Richtung Manila ab. In diesen Städten findet man Motels und jede Versorgung.

Goosenecks of the San Juan River

Von dem großen Staubparkplatz aus hat man freie Einsicht in die „Gänsehälse" des Flusses. Kein Wasser, keine Versorgung, aber auch kaum Einspruch, falls man dort mit dem Campingfahrzeug eventuell übernachten will. Allerdings befindet man sich hier im Indianer-Reservat der Navajo-Nation.
Zufahrt: Von der US 163 zwischen Kajenta, AZ, und Moab, UT, zweigt ca.

5 km (3,1) nördlich von Mexican Hat die UT 261 nördlich ab und nach 1 km (0,6) von dieser die UT 316 westlich bis zum Endparkplatz.

Grand Canyon N.P.

Der Park ist ganzjährig geöffnet und auch jederzeit besuchenswert. Die Hochsommermonate sind wegen des überfüllenden Touristenstromes und den häufigen Gewittern nicht die beste Zeit. Empfehlenswert jedoch ist Mai bis Juni, auch bezüglich der Vegetation. Bis Anfang Juni kann der gesamte Südrand im eigenen Fahrzeug befahren werden, während der Hochsaison dagegen muß man sich des kostenlos verkehrenden Shuttle-Busses bedienen, was mitunter eine zeitraubende Erschwernis ist.

Sehr sehenswert sind eigentlich alle Aussichtspunkte, wobei jeder recht unterschiedliche Perspektiven bietet. Nur von dem westlichsten aus kann man den Colorado in der Tiefe des Canyons ausmachen, auf dem östlichen Straßenteil nur von Desert View House. Wer über mehrere Tage Zeit verfügt, sollte an einem Maultier-Trip teilnehmen, der jedoch vorher gebucht werden muß beim Reservations Dept., Grand Canyon National Park Lodges, Grand Canyon, AZ 86023, oder telefonisch beim Bright Angel Transportation Desk (602) 638-2401.

Wanderpfade, die vom Südrand in den Canyon hinabführen, können tagsüber ohne Formalitäten begangen werden, mehrtägige Touren mit Übernachtung hingegen bedürfen der vorherigen Anmeldung. Für eine Erlaubnis schreibe man an Backcountry Reservations Office, P.O.Box 129, Grand Canyon, AZ 86023, Information telefonisch unter (602) 638-2474.

Im Grand Canyon Village gibt es einen guten Supermarkt, ferner ein Postamt, eine Tankstelle (auch Propan) sowie ein sehr informatives Visitor Center.

Übernachtung ist möglich nach Buchung bei Grand Canyon National Park Lodges, Box 699, Grand Canyon, AZ 86023, Telefon (602) 638-2401.

Der einzige Campingplatz im Village ist der Mather Campground mit genau 310 Stellplätzen, benachbarten Duschräumen und Waschmaschinen. Da während der Saison frühzeitig durch Reservierungen belegt, empfiehlt sich rechtzeitige Buchung durch den MISTIX-Service der Telefongesellschaften. Ein hübscher Trailer-Park kann ebenfalls telefonisch über Grand Canyon Lodge (siehe oben) vorausgebucht werden.

Bei Desert View, nahe dem Osteingang des Parks, liegt ein weiterer Campingplatz mit Belegung auf First-come-first-served-Basis, der jedoch außerhalb der Saison geschlossen ist.

Weitere Camping- und Unterkunfts- wie auch Versorgungsmöglichkeiten bestehen in Tusayan und Valle, 13 (8,1) bzw. 50 km (31,1) südlich an der US 180, wie auch im TEN-X-Campground des US Forrest Service 16 km (9,9) südlich des Village an der US 180.

Zufahrt: Von Williams, AZ, sind es 95 km (59) auf der AZ 64/US 180 zum Südeingang, von Flagstaff 127 km (78,9) auf der US 180. Empfehlenswert ist auch die Anfahrt von Osten, ausgehend von Flagstaff oder Kayenta auf der US 89 über Cameron, wobei sich Sunset Crater N.M. und Wupatki N.M. einbeziehen lassen.

Leihwagen stehen sowohl dort als auch auf dem Grand Canyon Airport zur Verfügung. Außerdem gibt es Busverbindungen von Flagstaff zum Nationalpark.

Anschrift: Superintendent
Grand Canyon N.P.
P.O. Box 129
Grand Canyon, AZ 86023

Grand Teton N.P.

Der Mittelpunkt touristischer Unternehmungen liegt am Ostufer des Jackson Lake. Hier bietet sich Unterkunft in der Signal Mountain Lodge (Moran, WY 83013), Triangle-X-Range (Moose, WY 83012) und auch der größte Campingplatz der Parkverwaltung, Colter Bay, an. Weitere Camps liegen bei Signal Mountain und Gros Ventre, im Süden des Parks.

Ein Trailer Village bei Colter Bay kann und sollte vorgebucht werden bei Grand Teton Lodge Company, Moran, WY 83013. Mehr als ein Dutzend Forest Service-Stationen und private Camps liegen nahe am Park.

Zufahrt: Kommt man von Jackson im Süden, sind es 32 km (20) zur Moose Entrance Station und 72 km (44,7) zur Moran Junction auf dem nördlich führenden Rockefeller Parkway. Von Norden her aus dem Yellowstone National Park sind es ab West Thumb 79 km (49) auf der gleichen Straße, die zweimal die Hauptwasserscheide des Kontinents, die Great Continental Divide bei 2 518 m Höhe überschreitet, eine reizvolle Fahrstrecke.

Anschrift: Superintendent
Grand Teton N.P.
P.O. Box 170
Moose, WY 83012
Telefon (307) 773-2880

Great Sand Dunes N.M.

Vom Visitor Center führt eine kurze Straße zum Amphitheater und einem Campingplatz mit 88 Stellplätzen und der üblichen Ausstattung. Die selbstführenden Pfade Montrose und Wellington Ditch geben einen guten Überblick. Um auf die Dünen selbst zu kommen, muß man die Schuhe ausziehen und durch den flachen Medano Creek waten, dann durch den herrlich warmen, weichen Sand.

Zufahrt: Von der US 285 N. bei Alamosa über die US 160-CO 150 sind es 61 km (37,9), von Mosca an der CO 17 nur 30 Kilometer (18,6). Unterkunft und Service sind dort vorhanden.

Anschrift: Superintendent
Great Sand Dunes N.M.
Mosca, CO 81146
Telefon (719) 378-2312

Great Smoky Mountains N.P.

Das Visitor Center und die Park Head Quarters befinden sich unmittelbar südwestlich der Kleinstadt Gatlinburg. Von dort führt eine abwechslungsreiche Loop-Straße nach Cades Cove (18 km) (11,2) durch dichte Wälder, offene Lichtungen und frühere Siedlungsgebiete der Pioniere. Einige Holzhütten und Kleinkirchen erinnern noch an diese Zeit landwirtschaftlicher Nutzung.

Eine reizvolle Straße führt zum Rücken des Bergmassivs, dem 1 539 m hohen Newfound Gap, unweit dessen in westlicher Richtung eine Stichstraße zum Clingmans Dome, 2 025 m, führt. Der dortige Aussichtsturm ist über einen 800 m langen Spazierweg bequem erreichbar.

Der Hauptwanderpfad ist der den Park durchquerende Appalachian Trail, von dessen 110 km (68,3) Verlauf zahlreiche Wege abführen, so daß insgesamt 980 km (608,7) erschlossene Natureinsamkeit verfügbar sind, genug für ein halbes Leben.

Camping ist möglich auf 7 gut ausgestatteten Plätzen mit insgesamt über 1 000 Stellplätzen. Weitere Primitivcamps liegen an vielen Waldpfaden. Übernachtung in Motels und alle Versorgungsmöglichkeiten gibt es in den umliegenden Städten Gatlinburg an der NC 73/US 441 im Norden des Parks und Bryson City südlich an der US 19.

Zufahrt: Von Knoxville, Tennessee, im Nordwesten, sind es ca. 60 km (37,3) über die SR 73, kommt man aus östlicher Richtung von Asheville, dann sind es 80 km (49,7) auf der US 19.

Anschrift: Superintendent
Great Smoky Mountains N.P.
Gatlinburg TN 37738
Telefon (615) 436-1200

Joshua Tree N.M.

Um die ungewöhnliche Landschaft des Monumentes näher kennenzulernen, bieten sich sechs Wanderpfade an, die zwischen 5 (3,1) und 25 km (15,6) lang sind. Der zeitbegrenzte Tourist wird sich besser mit den kürzeren Nature Trails begnügen, die von 10 verschiedenen Stellen aus, zwischen 0,5 (0,3) und 2,7 km (1,7) Länge, in die interessantesten Regionen führen und teilweise lehrpfadartig ausgestattet sind. Kostenlose Broschüren hierzu sind in den Visitor Centers erhältlich.

Es gibt neun Campingplätze. Den Black Rock Canyon in 1 219 m Höhe mit 100 Stellplätzen sowie Indian Cove, 975 m hoch mit 107 Plätzen, erreicht man über separate Zufahrten von Norden her über die CA 62. Alle anderen Campingplätze, wie Hidden Valley, 1 280 m, 30 Plätze; Ryan, 1 310 m, mit 29 Plätzen; Jumbo Rocks, 1 341 m, 125 Plätze, sowie Bell und White Tank, 1 158 m, mit 17 bzw. 15 Plätzen, liegen an der den Naturpark durchqueren-

den Straße. Der Cottonwood Campground, 914 m hoch, mit 62 Stellplätzen ist am kürzesten von Süden her ab der Interstate 10 zu erreichen. Dort findet man auch das Cottonwood Visitor Center und ein weiteres nahe dem Nordeingang, wo man jegliche Information erhält, vor allem aber auch Trinkwasser mitnehmen oder auftanken kann. Denn nur Black Rock Canyon und Cottonwood verfügen über Wasser, alle anderen Camps immerhin über Toiletten sowie Bank-, Tisch- und Feuerplatzausstattung. Hotels und Motels gibt es in den Städtchen Joshua Tree und Twentynine Palms. Dort findet man auch Restaurants, Supermärkte und Tankstellen.
Zufahrt: Die Zufahrt zum National Monument von Norden her entlang der CA 62 über die Eingänge Black Rock Canyon, 3 km (1,9) östlich Yucca Valley, den Westeingang bei Joshua Tree, auf dem Park Boulevard, oder östlich Twentynine Palms, am Oasis Visitor Center und Nordeingang. Die Südzufahrt bei Cottonwood Springs liegt ungefähr 40 km (24,8) östlich von Indio, am besten über die Interstate 10.

Kings Canyon N.P.

Von Cedar Grove aus führen interessante, jedoch steile Wanderpfade zum Kennedy Pass oder Granet Pass, 3 322 bzw. 3 253 m, die entsprechend anstrengend sind und alpine Ausrüstung erfordern.
Etwas näher liegend ist der 2 km (1,2) östlich des Campingplatzes rauschende Roaring River Fall oder die vom Straßenwendepunkt jenseits Zumwalt Meadows leicht erreichbaren Mist Falls.
Hauptziel ist aber wohl für jeden Naturfreund die Grant Grove mit dem General Grant Tree, 82 m hoch, zu dem kurze und bequeme Wanderwege vom Visitor Center aus führen, sowie der 4 km (2,5) entfernte und 2 350 m hohe Panoramic Point mit großartiger Aussicht auf die Sierra und alte Baumbestände.
Zufahrt: Der einzige Eingang des Nationalparks ist von Westen her. Die Städte Fresno, 85 km (52,8) entfernt und an der CA 99 gelegen; sowie Visalia, 57 km (35,4) entfernt, über die CA 99/63/180 erreichbar, bieten sich als Ausgangspunkte für Nichtcamper an, da in diesen Städten mittlerer Größe alle Versorgungsmöglichkeiten bestehen.
Von Fresno folge man der CA 180, von Visalia kommend der CA 198, ab Ashmountain Generals Highway, über Free Rivers zunächst durch den Sequoia Nationalpark (siehe dort) bis zum Big Stump Entrance der Grant Grove. Von dort sind es nur noch 5 km (3,1) zum Visitor Center. Nach weiteren 52 km (32,3) erreicht man die Seader Grove.

Lassen Volcanic N.P.

Während man schon von der Parkstraße und ihren vielen Haltebuchten aus beeindruckende Perspektiven genießen kann, müssen die vielen Wanderpfade zu den vulkanologischen Phänomenen, zu den vielen Wasserfällen und Seen sowie in die herrlichen Baumlandschaften sehr empfohlen werden. Vor allem im Juni wird dies alles gekrönt vom Blütenflor der vielen Wildblumen.
Der Park hat sieben Campingplätze, alle liegen in über 1 700 m Höhe. Die Belegung erfolgt nach First-come-first-served-Prinzip. In der Hochsaison sind alle geöffnet, sonst nur Manzanita am Nordeingang. Dort gibt es auch ein informatives Visitor Center und eine Tankstelle.
Zufahrt: Am besten von den Städten Red Bluff über die CA 36 und 89 oder von Redding über die CA 44. Beide Ortschaften bieten alle Versorgungsmöglichkeiten, wie Motels, Tankstellen etc.

Anschrift: Superintendent
Lassen Vulkanic N.P.
P.O. Box 100
Mineral, CA 96063-0100
Telefon (916) 595-4444

Lava Beds N.M.

Von der den Park durchquerenden Straße führen mehrere Wanderpfade durch das rauhe Terrain. Besten Überblick und Zugang zu den sehenswertesten Höhlen bietet die Cave Loop Section. Gute Taschenlampen sind Voraussetzung zu deren Begehung. Das Visitor Center, mit sehr interessanten Darstellungen des Entstehungsprozesses dieser Region, liegt dem einzigen Campground benachbart. Er hat 45 Stellplätze und ist ganzjährig geöffnet, jedoch nur im Sommer ist Wasser verfügbar.
Unterkunft und Service findet man in Tulelake, 48 km (29,8) nördlich, und Klamath Falls, Oregon, 93 Kilometer (57,8). Achten Sie auf das Hinweisschild zur CA 139, etwa 8 km (5) südlich Tulelake und 42 km (26,1) nördlich von Canby.
Das Gebiet ist reich an Dickhorn-Schafen, Klapperschlangen und Kleinnagern, wie den zutraulichen Erdhörnchen. Man widerstehe der Versuchung, sie zu füttern, denn es ist bekannt, daß sie die Beulenpest (!) übertragen können.

Anschrift: Superintendent
Lavabeds N.M.
Box 867, Tulelake, CA 96134
Telefon (916) 667-2282

Lehman Caves N.M.

Die Höhlenbegehung wird während der Saison stündlich von Park-Rangern geführt. Sie dauert ca. 1 1/2 Std. über 1 km (0,6) und bei 10° C Temperatur. Warme Kleidung sowie wasserdichte, trittfeste Schuhe werden empfohlen. Es gibt vier kleinere Campingplätze mit First-come-first-served-Regelung.
Zufahrt: Von Baker, NV, sind es 8 km (5) westlich zum Visitor Center und 112 km (69,6) von Ely, NV. Dort findet man Unterkunft und Service. Dagegen gibt es im 8 km (5) entfernten Delta nur Nahrungsversorgung.

Anschrift: Superintendent
Great Basin N.P.
Baker, NV, 89311
Telefon (702) 234-7331

Mono Lake und Craters

Man erreicht den Mono Lake Tufa State Park [P.O. Box 99, Lee Vining, CA 93541, Tel. (619) 647-6331] sowie die Mono Basin National Forest Scenic Area (P.O. Box 429, Lee Vining, CA 93541) und das großzügig gebaute Scenic Area Visitor Center, Tel. (619) 647-6572, in kurzer Entfernung von der Kleinstadt Lee Vining aus. Dort gibt es auch Motels, einen Campingplatz und alle Versorgungsmöglichkeiten.

Montezuma Castle N.M.

Camping innerhalb des Parkgeländes ist nicht möglich, Unterkunft am besten in Sedona im Norden, erreichbar über die US 17-Z 179. Dort bieten sich auch alle Versorgungsmöglichkeiten.

Anschrift: Superintendent
Montezuma Castle N.M.
P.O. Box 219
Camp Verde, AZ 86322
Telefon (602) 634-5564

Monument Valley

Wer im Nordosten Arizonas von Kajenta aus, welches die einzig logischen Zufahrt ist, die restlichen 37 km (23) nordöstlich zum Monument Valley will, sieht schon nach kurzer Strecke rechter Hand einen Vorboten dessen, was er zu erwarten glaubt.
Unmittelbar aus dem flachhügeligen Gelände erhebt sich der vielgipfelige Agathla Peak düster-drohend 2 164 m hoch in den Himmel. Aber seine vulkanische Formation hat mit den Steindenkmälern des Monument Valley nichts gemein. Fast schnurgerade steigt die Straße weiter zum gleichnamigen Paß auf 1 588 m Höhe an, wobei sich allmählich eine Vielzahl von Felstürmen magisch-violett über den Horizont erhebt.
Auf der Höhe liegt im rechten Winkel nach rechts die 7 km (4,3) lange Endzufahrt zum Visitor Center. Von dessen Parkplatz bereits bietet sich ein überwältigender Blick hinunter auf die durchschnittlich 400 m tiefer liegende Talebene, aus der sich zahlreiche hochrote Felsmonumente unterschiedlicher Formung bis in stattliche 440 m Höhe imponierend erheben.
Im Visitor Center erhält man gegen Eintrittsgebühr ein orientierendes Faltblatt, welches die zum Befahren erlaubten Sandwege kennzeichnet. Ein Abweichen hiervon, etwa mit geländegängigen Fahrzeugen oder während einer Wanderung zu Fuß, ist strikt verboten, um die Privatsphäre der dort verstreut in Hogans lebenden Indianer nicht zu beeinträchtigen.

Unterkunft besteht in Form eines gut geführten Motels bei Goulding's [P.O. Box 1, Monument Valley, UT 84536, Telefon (801) 727-3231]. Das Motel hat 62 Zimmer mit allem Komfort, die zur Verfügung stehen. außerdem gibt es einen Campingplatz mit 50 Stellplätzen. Beides ca. 12 km (7,5) westlich des Parks.
Innerhalb des Parks direkt am Visitor Center liegt ein von den Navajos verwalteter Campingplatz mit 100 Plätzen, Trinkwasser - auch für Campingfahrzeuge -, Sanitärstation und warmen Duschen.

Mount Rainier N.P.

Das feuchtkalte und schneereiche Klima des Bergriesen setzt strenge jahreszeitliche Grenzen für dessen Besuch. Bei einer durchschnittlichen Schneefallmenge von bis zu 15 m erklärt es sich von selbst, daß dieAnfahrt vor Anfang Juni oder Juli nicht ratsam ist, weil die Straße, die zu Sunrise, dem schönsten Aussichtspunkt auf dem Berg, führt, noch gesperrt ist. Im Hochsommer jedoch, etwa bis Mitte Oktober, sollte Sunrise auf keinen Fall versäumt werden, weil nur dann auch Paradise einen guten Ausblick ermöglicht, denn ein Sonnenaufgang bei Sunrise ist absolut überwältigend.
Sunrise, 1 950 m hoch, ist auch Ausgangspunkt mittelleichter Wanderwege, stets im Angesicht der Gipfelregion. Von Paradise, 1 650 m, aus führen eine Anzahl Nahpfade zu besonders schönen Aussichtspunkten auf den östlichen Berggipfeln.
Von hier aus startet auch der Gipfelaufstieg, der mindestens 2 Tage und eine Hüttenübernachtung in ca. 2 000 m Höhe erfordert. Erlaubnisscheine werden im Visitor Center beantragt. Hochalpin-Ausrüstung und Erfahrung sind dabei unverzichtbar und werden überprüft.
Camping ist in einer der größeren Einheiten, wie z.B. in Cougar Rock mit 200 Stellplätzen zu empfehlen. Da er sich gleich am Südwesteingang befindet, ist er früh ausgebucht. Ferner gibt es Ohanapecosh, 232 Plätze, und White River, 117 Plätze. Der Paradise Inn Campground mit 126 Plätzen ist nicht regelmäßig geöffnet und erfordert Voranmeldung.
Unterkunft innerhalb der Parkgrenzen ist nur in den Sommermonaten möglich im Paradise Inn bei Paradise. Ganzjährig geöffnet ist das National Park Inn bei Longmire. Reservierung durch Mount Rainier Guest Services, 55106 Kernahan Road East, Ashford, WA 98304, oder telefonisch (206) 569-2275.
Alle naheliegenden Gemeinden haben sämtliche Versorgungseinrichtungen, Supermärkte, Tankstellen und Motels.
Zufahrt: Der beste Zugang zum Parkeingang Longmire ergibt sich von Westen her von den Städten Seattle, 153 km (95); Tacoma, 113 km (70,2); oder Yakima, 103 km (64) kommend, wobei man jeweils über die über die WA 7/706 fährt.
Die Anfahrt aus dem Osten ist nur im Sommer problemlos. Man fahre die WA 401 West und über den 1 650 m hohen Chinook Pass zum Tipsoo-Lake-Parkeingang.
Anschrift: Superintendent
Mount Rainier N.P.
Ashford, WA 98304
Telefon (206) 569-2211

Mount Rushmore N.M.

Das Schutzgebiet hat keine Unterkunft oder Versorgungseinrichtungen. Es liegt jedoch in erreichbarer Nähe zu den Kleinstädten Rapid City, 40 km (24,8) nordöstlich, und Keystone, 5 km (3,1) in gleicher Richtung.
Anschrift: Superintendent
Mount Rushmore N.M.
P.O. Box 268, Keystone, SD 57751
Telefon (605) 574-2523

Muir Woods N.M.

Von einem Parkplatz nahe dem Visitor Center führen mehrere Pfade durch den Hain. Sie haben ein Länge von insgesamt 10 km (6,2). Empfohlen wird der Redwood Creek Trail, am besten mit warmer Regenkleidung. Der Park hat keinen Campingplatz oder sonstige Einrichtungen.
Zufahrt: Muir Woods liegt 27 km (16,8) nördlich von San Francisco und kann erreicht werden über die US 101 und CA 1. Er ist von 8 Uhr früh bis Sonnenuntergang geöffnet.

Natural Bridges N.M.

Vom Visitor Center, kurz nach dem Parkeingang an der UT 275 gelegen, führt eine schmale und windungsreiche Einbahnstraße zu den drei jeder Brücke zugeordneten Parkplätzen mit Aussichtsplattformen. Für Campingfahrzeuge besteht ein Längenlimit von 21 ft. (6,40 m). Dann bleibt nur ein Leihfahrrad oder 14,5 km (9) zu Fuß.
Im National Monument selbst bestehen keinerlei Einrichtungen für den Besucher außer Toiletten und einem äußeren Wasserhahn beim Visitor Center. Der primitive Campingplatz hat nur 13 Stellplätze und ist fast stets ausgebucht. Man richte sich daher besser auf einen Tagesbesuch vom 65 km (40,4) entfernten Blanding ein, über die UT 195 und UT 275.
Zufahrt: Zum Besuch von Natural Bridges N.M. bietet sich als Ausgangspunkt lediglich die Ortschaft Blanding an oder, je nach bestehender Fahrtrichtung, das 58 km (36) nördlicher gelegene Monticello, beide an der US 191 gelegen. Dort gibt es alle Versorgungsmöglichkeiten, Unterkunft (Motels) und Campingplätze.
Anschrift: Superintendent
Natural Bridges N.M.
Box 1, Lake Powell
UT 84533
Telefon (801) 259-5174

Organ Pipe Cactus N.M.

Wanderpfade sind wegen Unwegsamkeit durch Kakteen aller Arten und Wüstenklima wenig empfehlenswert. Der 200 m lange Visitor Center Trail gibt eine gute Einführung in die Wüstenvegetation.
Auch der Campground Perimeter Trail, etwa 1,5 km (0,9) lang, bietet eine gute Information und Aussicht in die Umgebung. Die Pfade Desert View Trail, 2 km (1,2); Palo Verde Trial, 4 km (2,5); und Estes Canyon, 7 km (4,3), sollten besser nur frühmorgens oder abends unternommen werden, weil die Hitze schon ab 9 Uhr unerträglich und der Flüssigkeitsverlust des Körpers gefährlich wird.
Viel weniger anstrengend sind die Aussichtsstraßen, wenngleich nur grob befestigt und äußerst staubig.
Der 34 km (21,1) lange Ajo Mountain Drive windet sich durch die interessanten Fußhügel der Ajo Mountains mit großartigen Wüstenpanoramen.
Der 85 km (52,8) weite Puerto Blanco Drive umrundet die spröden Felsklippen der 959 m hohen Bergrücken der Puerto Blanco Mountains, teilweise als Einbahnstraße gegen den Uhrzeigersinn, mindestens einen halben Tag beanspruchend, aber pures Wüstenerlebnis vermittelnd.
Ein Campingplatz mit 208 Stellplätzen und allen sanitären Einrichtungen ist ganzjährig geöffnet, private Camps in Lukeville, Why und Ajo. Dort gibt es auch einfache Unterkunft.
Zufahrt: Nur von Norden her möglich, von der Interstate 8 bei Gila Bend, südlich abzweigend über die AZ 85 und bis Why, dort südlich zum Park, insgesamt 180 km (111,8) vom Gila Bend oder 224 km (139,1) südlich Phoenix.
Anschrift: Superintendent
Organ Pipe Cactus N.M.
Rhode 1, Box 100
Ajo, AZ 85321
Telefon (602) 3876849

Petrified Forest N.P.

Zunächst sollte man das am Südeingang des Parks liegende Visitor Center (Rainbow Forest Museum) besuchen, welches mit hervorragenden Fundstücken versehen ist und vor allem die erforderlichen Grundkenntnisse über die Entstehung des steingewordenen Waldes vermittelt.
Der Nationalpark verfügt über keine Campingmöglichkeit. Man übernachtet am besten in der dem Park südlich vorgelagerten Kleinstadt Holbrook; dort gibt es auch private Campingplätze, Tankstellen, Supermärkte u.a. Service.
Zufahrt: Von Süden her erreicht man die Parkgrenzen nach 32 km (19,9) über die US 180 East von Holbrook, um nördlich auf der Interstate 40 in gewünschter Richtung seine Fahrt fortzusetzen. Umgekehrt ist der nördliche Parkeingang unmittelbar von der I-40 aus zu erreichen (Ausfahrt Painted

Desert National Park). Von Osten kommend, bietet sich im Süden die US 180 West an, im Norden die I-40 West.

Anschrift: Superintendent
Petrified Forest N.P.
Petrified Forest National Park
AZ 86028
Telefon (602) 524-6228

Pinnacles N.M.

Der naturverbundene Wanderer kann sich auf einer Reihe abwechslungsreicher Pfade, die von den beiden nicht miteinander verbundenen Eingängen an der Ost- und Westseite ihren Ausgang nehmen, erschöpfend mit diesem einzigartigen Felsgarten auseinandersetzen.

Vom Bear Gulch Visitor Center mit kleinem Museum im Osten, 8 km (5) von der CA 25 über die CA 146, erreicht man über den Bear Gulch Trail nach 2,6 km (1,6) Chalone Creek, 314 m, von wo aus der Old Pinnacles Trail zu den 3,7 km (2,3) entfernten Balconies Caves führt. Vom gleichen Ausgangspunkt steigt der High Peaks Trail über 3,2 km (2) in den Bereich des 829 m hohen Hawkins Peak.

Empfehlenswert ist es, vom Visitor Center aus entlang dem Bear Gulch dem Moses Spring Trail zu folgen, der in romantischer Einsamkeit durch Felsengänge zu den Bear Gulch Caves und einem idyllischen kleinen See, dem Bear Gulch Reservoir führt. Am Westeingang, von Soledad aus 19 km (11,8) über die CA 146, bieten sich zwei Wanderpfade an, die kleinen Bachläufen folgen: Der Balconies Trail führt entlang dem Westfork Chalone Creek und erreicht nach vielen malerischen Blickwinkeln in 1,7 km (1) Wegstrecke die sehenswerten Felshöhlen, deren Begehung nur mit Taschenlampe und festem Schuhwerk empfohlen ist.

Der südöstlich von Chaparral verlaufende Juniper Canyon Trail, zunächst dem Bach folgend, steigt bald mächtig an und bietet auf dem 2,9 km (1,8) langen Verlauf herrliche Aussichtspunkte, um im Bereich der High Peaks über den Tunnel Trail zum Scout Peak oder Hawkins Peak zu führen.

Anschrift: Superintendent
Pinnacles N.M.
Paicines, CA 95043
Telefon (408) 389-4485

Pipestone N.M.

Ein Visitor Center und ein indianisches Kulturhaus veranschaulichen alle historischen Zusammenhänge; Indianer demonstrieren die Fertigung der Calumets.

Kurze Fußwege führen zu den Steinbrüchen. Im Reservat ist Camping nicht möglich, jedoch Unterkunft in den umliegenden Ortschaften, die auch alle andere Versorgung bieten.

Zufahrt: Die Ortschaft Pipestone, Minnesota, liegt an der US 75, die im südwestlichen Minnesota parallel zur Interstate 29 verläuft. Von Sioux Falls in South Dakota sind es 98 Kilometer (60,9).

Anschrift: Superintendent
Pipestone N.M.
P.O. Box 727, Pipestone, MN 56154
Telefon (507) 825-5464

Point Reyes National Seashore

Die Halbinsel bietet viele Straßenzuführungen an den Strand und an Teile der Steilküste, aber noch mehr Wanderwege durch dieses vielgestaltige Reservat. Am interessantesten ist natürlich der Earthquake Trail, der vom Visitor Center ca. 1 km (0,6) entlang der San-Andreas-Falte führt. Wer zum Baden an die hier stürmische See möchte, hat die Wahl zwischen Limantour Beach oder über Inverness bis zur Kapspitze, in deren Nähe Seelöwenkolonien zu beobachten sind. Gemäßigtere Brandung findet man an der Schooner Bay oder im Norden am Ufer der Tomales Bay (State Park).

Zufahrt: Das Bear Valley Visitor Center liegt eine Minute Autofahrt südlich der CA 1 nahe der Ortschaft Olema, 70 km (43,5) von San Francisco über die US 101-CA 1 nahe Mill Valley.

Camping oder andere Übernachtungsmöglickeiten bestehen auf der Halbinsel nicht, sind aber in den umliegenden Ortschaften verfügbar.

Anschrift: Superintendent
Point Reyes N.S.
Point Reyes, CA 94956
Telefon (415) 663-1092

Rainbow Bridge N.M.

Erreichbar ist Rainbow Bridge N.M. für den zeitgebundenen Touristen praktisch nur auf dem Wasserwege des Lake Powell.

Von Page, Arizona, mit allen Unterkunfts- und Versorgungsmöglichkeiten, führt die US 89 nordwestlich 10 km (6,2) nach Wahweep, Marina. Von dort verkehren regelmäßig Tages- und Halbtagesboote zu dem 85 km (6,0) entfernten National Monument.

Auch zahlenmäßig beschränkte Unterkunft ist dort möglich, Reservierung weit im voraus jedoch nötig, vor allem während der Saison. Adresse des Konzessionärs: Wahweep Large and Marina, Box 1597, Page, AZ 86040. Ein Trailer-Park- und Campingplatz sind ebenfalls in Wahweep verfügbar. Weitere Informationen über das 65 ha große Naturdenkmal bei der Parkverwaltung.

Anschrift: Superintendent
Glen Canyon Recreation Area
Box 1507, Page, AZ 86040
Telefon (602) 645-2471

Redwood N.P.

Die sehenswertesten Redwoodbestände können alle von den an der US 101 liegenden Campingplätzen aus gut erreicht werden, hier von Süden nach Norden (zu bevorzugende Fahrtrichtung, da dann das Licht im Rücken) aufgeführt:

Standish-Hickey SRA bei der Ortschaft Legget und direkt an der 101, mit 162 Camping-stellplätzen;

Richardson Grove S.P., neben der 101 gelegen, umfaßt drei Campingplätze mit zusammen 170 Stellplätzen;

Benbow Lake SRA, 3 km (1,9) südlich des Städtchens Garberville gelegen, mit 75 Stellplätzen; Patricks Point S.P., 8 km (5) nördlich von Trinidad, hat 124 Plätze; Prairie Creek Redwoods S.P., ein absolut idyllischer Campingplatz mit 100 Plätzen, von dem aus man eine große Herde mächtiger Roosevelt-Hirsche (Wapiti Elks) beobachten kann.

Del Norte Coast Redwood S.P., zu beiden Seiten der 101 und südlich Crescent City, 145 Plätze.

Jedediah Smith Redwoods S.P., von der US 190, die nördlich von Crescent City von der 101 Richtung Osten abzweigt, aus erreichbar, mit einem sehr schönen Campingplatz, 107 Plätze, der aber meist schon am Spätvormittag ausgebucht ist. Das gleiche gilt mit Einschränkung für alle Campingplätze, vor allem während der Wochenenden. Private Campingplätze entlang der 101 stehen reichlich bei allen Ortschaften zur Verfügung.

Der Redwoods Nationalpark selbst verfügt über keinen Campingplatz. Sein Visitor Center befindet sich 3 km (1,9) südlich von Orick an der 101. Von hier aus verkehrt im Sommer ein Shuttlebus (Gebühr, Fahrtdauer ungefähr 4 Stunden) zu den höchstgewachsenen Redwoodbeständen der Tall Trees Grove.

2 km (1,2) nördlich von Orick führt von der 101 östlich eine steile Zufahrtsstraße zu der sehenswerten Lady Bird Johnson Grove, ein ca. einstündiger Pfad vom Endparkplatz durch alte Sequoia-Bestände.

Als allgemeine Fahrregel gilt: Wo immer es möglich ist, die 101 verlassen und auf die eigentlichen Parkstraßen (Avenue of the Giants) fahren.

Anschrift: Superintendent
Redwoods N.P.
1111 Second Street
Crescent City, CA 95531
Telefon (707) 464-6101

Rocky Mountain N.P.

Wegen der Höhenlage des gesamten Parks über 2 500 m ist die Reisesaison naturgemäß auf die Sommermonate begrenzt. Juni und Juli sind klimatisch am angenehmsten und stabilsten. Auch Fauna und Flora entsprechen dann den Besuchererwartungen. Hirsche, Rehe, Dickhornschafe und Schneezie-

gen sind fast täglich zu sehen, wie auch die kleinen Nager, Murmeltier und Erdhörnchen.
Wanderpfade stehen in einer Länge von 480 km (298) zur Verfügung. Die kürzeren davon führen zum Cup Lake und Fern Lake.
Für den durchreisenden Besucher empfiehlt sich am ehesten die Fahrt zum Bear Lake im Glacier Basin, um von dort aus unter sieben Bergseetouren zu wählen.
Zwei Visitor Center stehen zur Verfügung, wo man sich über die aktuellen Möglichkeiten und Wettterverhältnisse beraten lassen kann.
Fünf Campingplätze laden ein, sich mit dem Rocky Mountain-Gebiet anzufreunden. Im Sommer sind die verfügbaren Plätze schon spätvormittags belegt. Die schönsten Camps sind:
Moraine Park, 5 km (3,1) an der Bear Lake Road, mit 250 Stellplätzen;
Glacier Basin, 8 km (5) an der Bear Lake Road, mit 180 Plätzen;
Timber Creek, 18 km (11,2) nördlich Grand Lake, mit 100 Plätzen;
Longs Peek, 18 km (11,2) südlich Estes Park, mit 30 Plätzen.
Übernachtung in Motels ist innerhalb des Parks nicht möglich; nächste Plätze sind Granby, 23 km (14,3) entfernt, im Südwesten liegend, Grand Lake am Parkeingang und Estes Park, 5 km (3,1) östlich des Fall-River-Eingangs.
Zufahrt: Von Denver sind es 105 km (65,2) über Estes Park zum Osteingang, von Westen her bietet sich die Interstate 70/US 40 an, dann die US 34 bis Grand Lake.
Anschrift: Superintendent
Rocky Mountain N.P.
Estes Park, CO 80517
Telefon (303) 586-2371

Saguaro N.M.

Der Park hat zwei Teile, jeweils einen westlich und östlich von Tucson, in letzterem, dem Rincon Mountain District, ein Visitor Center und die anschaulichere Szenerie vom 15 km (9,3) Cactus Forest Drive.
Im westlichen Tucson Mountain District, erreichbar 15 km (9,3) über die Kinney Road, ein weiteres Informationscenter sowie 3 km (1,9) weiter der Gilbert Ray Campground mit allen Einrichtungen.
Nahebei, ca. 22 km (13,7) nordwestlich von Tucson, das außerordentlich sehenswerte Arizona-Sonora-Desert-Museum, ein Muß!
Anschrift: Superintendent
Saguaro N.M.
3693 South Old Spanish Trail
Tucson, AZ 85730-5699
Telefon (602) 296-8576

Scotts Bluff N.M.

Das Visitor Center illustriert die geologische Entstehung und geschichtliche Zeit des Naturdenkmals. Teile des noch gut erkennbaren Oregon Trail sind vom Besucherzentrum aus und am Mitchell Pass begehbar. Ein steiniger Pfad führt zum Gipfel mit weiter Aussicht über die endlose Prärie und andere Orientierungspunkte.
Zufahrt: Von Scotts Bluff, NE, sind es 8 km (5) auf der US 26, 68 km (42,2) von der US 30 über die NE 71.
Camping, Unterkunft und Versorgung nur in den umliegenden Ortschaften Gering und Scotts Bluff.
Anschrift: Superintendent
Scotts Bluff N.M.
P.O. Box 27, Gering, NE 69341
Telefon (308) 436-4340

Sequoia N.P.

Der Mittelpunkt des Parks ist das Giant Forest Areal, mit dem gleichnamigem Dorf, 1 954 m hoch, wo es Verpflegung, Unterkunft und sanitäre Einrichtungen gibt.
Das Visitor Center liegt am nördlichen Ende des durch den Giant Forest führenden Generals Highway und bietet alle wünschenswerten Informationen.
Campingplätze gibt es bei Lodgepole, das 7 km (4,3) nördlich von Giant Forest Village liegt, mit 250 Stellplätzen; und Dorset, 13 km (8,1) nordwestlich Lodgepole, mit 238 Plätzen, jedoch nur von 15. Juni bis 7. September geöffnet.
Weitere Zeltplätze finden sich für Bergwanderer im Parkhinterland.
Übernachtung im Park selbst ist in der Giant Forest Lodge möglich, jedoch wegen stetiger Überbelegung sehr problematisch. Sicherer ist man bei rechtzeitiger Buchung eines Motels in den Gemeinden Visalia, 57 km (35,4) südwestlich, oder Fresno, 85 km (52,8) westlich (siehe auch Kings Canyon National Park).
Anschrift: Superintendent
Sequoia and Kings Canyon N.P.
Three Rivers, CA 93271
Telefon (209) 565-3341

Shenandoah N.P.

Der Urlaubstourist wird sich, schon aus Zeitgründen, auf die Fahrt entlang dem Skyline Drive beschränken.
Wegen der vielen Ausblickspunkte und landschaftlichen Sehenswürdigkeiten empfiehlt es sich dringend, sich des Nationalpark-Faltblattes zu bedienen, welches an jedem Parkeingang und im Besucherzentrum verfügbar ist. Darüber hinaus ist der Erwerb zusätzlicher Broschüren und Kurzführer sehr sinnvoll. Visitor Center befinden sich 7 km (4,3) südlich des Nordeinganges bei Dickey Ridge, bei Meile 51,2 (etwa in der Mitte des Parks) in Big Meadows sowie bei Meile 79,5 in Loft Mountain.
Campingplätze sind hier die Übernachtungsmöglichkeit erster Wahl, da die beidseits umliegenden Ortschaften jeweils über längere Straßenstrecken angefahren werden müßten und das zusätzlich mit Höhenunterschieden um meist 1 000 Meter.
Matthews Arm, bei Meile 22,3, hat 178 Stellplätze;
Big Meadows, bei Meile 51,2, hat 230 Plätze;
Lewis Mountain, bei Meile 57,5, hat 31 Plätze;
Loft Mountain, bei Meile 79,5, hat 221 Plätze.
Alle Camps verfügen über Trinkwasser und sanitäre Anlagen, meist auch über Duschanlagen und freistehende Holzschränke zur bärensicheren Aufbewahrung von Campingutensilien.
Motels, Lodges und Ferienhütten stehen für 900 Besucher bei Skyland, Big Meadow und Lewis Mountain über den Konzessionär ARA-Virginia Skyline Co. Inc., Box 727, Luray, VA 22835, Telefon 1-800-999-4714, bereit.
In den am nächst erreichbaren Ortschaften Front Royal, Culpepper, Charlottesville, Waynesboro und Harrisonburg stehen alle Versorgungsmöglichkeiten und Services zur Verfügung.
Elkton liegt nur 10 km (6,2) westlich der Parkmitte Swift Run Gap Entrance entfernt.
Anschrift: Superintendent
Shenandoah N.P.
Route 4, Box 348
Luray VA 22835
Telefon (703) 999-2243

Sunset Crater und Wupatki N.M.

Entweder von Cameron im Norden kommend oder von Flagstaff im Süden, fährt man auf der US 89. Auf dieser Straße zweigt jeweils östlich die 58 km (36) lange Bypass-Straßenführung der AZ 545 ab. Wupatki, mit Visitor-Center, liegt 493 m hoch in einer leeren Wüstenregion. Ein kurzer Fußpfad führt bequem zu den beachtlichen Ruinen mit ehemals über 100 Räumen.
Im Süden der AZ 545 wird das Gelände hügelig und lavaverkrustet, bis schließlich der 326 m hohe Sunset Crater aufragt. Unmittelbar westlich von ihm liegt ein Campingplatz mit 44 Stellplätzen und sanitären Einrichtungen sehr hübsch im lichten Kiefernwald, belegbar auf First-come-first-served-Basis.
Entfernungen: Von Flagstaff 21 km (13), von Cameron 55 km (34,2) auf der US 89. Für Nichtcamper empfiehlt sich lediglich, in Flagstaff Unterkunft zu nehmen.
Anschrift: Superintendent
Wupatki and Sunset Crater N.M.
HC 33, Box 444 A/2717 Steves Blvd.
Flagstaff, AZ 86001
Telefon (602) 527-7042

Timpanogos Cave N.M.

Die Höhle liegt an der Nordflanke des 3 660 m hohen Mount Timpanogos, an dessen Fuß ein Visitor Center liegt, in dem man sich über die Eigenarten der Höhle informieren kann. Anschließend kann man sich dann einer rangergeführten Gruppe anschließen, mit der man die 2,4 km (1,5) des steilen Pfades zum 305 m höher liegenden Höhleneingang zurücklegt. Der Gang durch die vielen Räume, in 2 051 m Seehöhe, benötigt etwa drei Stunden, die sich aber lohnen.
Wegen ihrer Höhenlage ist die Höhle nur von ca. Mitte Mai bis September geöffnet. Ein hübscher Picknickplatz liegt beim Besucherzentrum.
Camping oder Unterkunft im Bereich des National Monument ist nicht verfügbar, jedoch bestehen nahebei Campingplätze des National Forest Service.
Zufahrt: Von Salt Lake City südlich auf der Interstate 15, dann ostwärts auf die UT 80 (Alpine exit). Kommt man von Provo, biege man bei Pleasant Grove oder American Fork östlich ab. Von beiden Ortschaften, wo sich jeder Service findet, sind es 11 km (6,8) auf guten Straßen bis zum Parkeingang.

Anschrift: Superintendent
Timpanogos Cave N.M.
Rural Route 3-Box 200
American Fork, UT 84003
Telefon (801) 756-5238

White Sands N.M.

Leider verfügt das National Monument weder über einen Campingplatz noch andere Versorgungseinrichtungen. Nächste Campingmöglichkeiten finden sich im Lincoln National Forest, 56 km (34,8) östlich, und Aquirre Springs, 48 km (29,8) westlich, sowie in Alamogordo.
Vom informativen Visitor Center aus führt eine 26 km (16,1) lange Stichstraße mit vielen großräumigen Park- und Picknickplätzen zu den schönsten Arealen des Naturparks, der nur tagsüber geöffnet ist. Leicht kann man einen ganzen Tag in diesem einmaligen Ambiente lustvoll verbringen. Das beste Licht jedoch haben die schwingenden Dünenketten gleich frühmorgens und spätnachmittags.
Zufahrt von Alamogordo, NM, nordöstlich, 24 km (14,9) auf der US 70/82, von Las Cruces, NM, südwestlich, 86 km (53,4) auf der US 70/82. In beiden Städten gibt es Unterkunft, Camping und jedwede Versorgung.

Anschrift: Superintendent
White Sands N.M.
Box 458
Alamogordo, NM 88311
Telefon (505) 479-6124/25

Yellowstone N.P.

Der Park hat je einen Eingang im Süden, Westen und Osten, im Norden zwei, die alle zu einer ringförmig um die Hauptattraktionen gelegenen Straße führen. Die Südzufahrt verbindet über die Continental Divide den 2 373 m hohen Craig Pass mit dem Grand Teton National Park. Von der Vielfalt der Erscheinungen seien hier nur die sehenswertesten hervorgehoben, da eine hinreichende Übersicht und Orientierung wegen der großen Ausdehnung des Reservates nur möglich ist anhand detaillierteren Kartenmaterials und des offiziellen Faltblattes der Nationalparkverwaltung.
Mammoth Hot Springs, 1 902 m hoch, ist ein heißes Quellgebiet mit herrlich geformten, farbigen Sinterterrassen, 4 km (2,5) südlich des Nordeingangs;
Norris Geyser Basin, 2 281 m hoch, ein ausgedehntes Geysirfeld mit zahlreichen heißen Springquellen und Fumarolen;
Madison liegt in kurzer Entfernung zu den Gibbon Falls, die erst spätvormittags Licht bekommen;
Old Faithful, vor allem berühmt für die recht regelmäßigen namengebenden Ausbrüche des Riesengeysirs, ist der Ausgangspunkt zu einer Vielfalt von Geysiren, farbigen Tümpeln und wunderbar klarblauen Seen. Die aktuellen Eruptionszeiten sind im dortigen Visitor Center für den jeweiligen Tag angeschlagen;
West Thumb zeigt hübsche, im Randbereich des 2 357 m hoch gelegenen Yellowstone Lake entstandene Kraterkegel, die in unregelmäßigen Abständen Heißwasserfontänen entladen;
Canyon, 2 357 m, ist Ausgangspunkt für die ganz großartigen, 94 m tief abstürzenden Lower Falls des Yellowstone River.
Man versäume nicht den Inspiration Point, den benachbarten Artist Point sowie den dramatische Perspektiven bietenden Treppenweg mit dem Namen Uncle Tom's Trail, alle mit Blick auf die Fälle und in den Grand Canyon of the Yellowstone.
Camping ist zwar auf 9 verschiedenen Campingplätzen mit allen Einrichtungen möglich, jedoch in der Hochsaison schon ab dem späten Vormittag problematisch, selbst mit Vorausbuchung. Dringend empfohlen wird deshalb, sich nach Erreichen des Parks baldmöglichst einen Stellplatz im nächsterreichbaren Camp zu sichern und sich so von Tag zu Tag voranzuarbeiten.
Folgende Campingplätze stehen zur Verfügung: Bridge Bay, 5 km (3,1) südwestlich von Lake Junction gelegen, 438 Stellplätze; Fishing Bridge, 2 km (1,2) östlich von Lake Junction, 308 Plätze; Canyon, bei Canyon Junction, 280 Plätze; Grant Village, 3 km (1,9) südlich von West Thump Junction gelegen, 438 Plätze; Lewis Lake, 16 km (9,9) südlich West Thump, 100 Plätze; Madison, bei Madison Junction, 292 Plätze; Mammoth, 1 km (0,6) nördlich Mammoth, 87 Plätze; und schließlich Norris, 2 km (1,2) nördlich Norris Junction mit 116 Stellplätzen. Nur Mammoth ist ganzjährig geöffnet, alle anderen nur Mai bis September. Unterkunft ist möglich in Mammoth, Old Faithful, Fishing Bridge und Canyon. In der Hochsaison ist Vorbestellung bei Yellowstone-Park-Co., Yellowstone N.P., Wyoming 82190, Telefon (307) 344-7311 Voraussetzung.
Zufahrt: Von Jackson, Wyoming, sind es 90 km (55,9) durch den Grand Teton N.P. und Rockefeller Park Way, von Livingstone im Norden sind es über die US 89 bis zur Parkgrenze etwa 100 km (62,1), von Bozeman 140 km (87). Der Westeingang liegt von Idaho-Falls 130 km (80,7) entfernt, der Südeingang 270 km (167,7).
Die Ortschaft West-Yellowstone, direkt vor dem Westeingang des Parks gelegen, bietet die praktischste Zufahrt, da es möglich ist, von der 23 km (14,3) östlich entfernten Madison-Junction-Straßengabelung in die jeweils gewünschte Richtung des Parks zu fahren.

Anschrift: Superintendent
Yellowstone N.P.
P.O. Box 168
Yellowstone N.P., Wyoming 82190
Telefon (307) 344-7381

Yosemite N.P.

Die in Einbahnregelung führende Talstraße durchmißt das gesamte Yosemite Valley zunächst südlich des Merced River in östlicher Richtung, vorbei an Parkbuchten, Ausblickspunkten und Campingplatz-Zufahrten. Im Happy Isles Nature Center besteht ein größerer Tagesparkplatz, von dem aus man weiterdisponieren kann. Vor allem empfiehlt sich der hier abgehende Wanderweg zu den dramatischen Wasserfällen Vernal Fall, 97 m, und Nevada Fall, 181 Meter. Man rechne hierfür etwa zwei Stunden. Die Talstraße führt westlich zurück zu mehreren Blickpunkten auf die Yosemite-Fälle, schließlich zu deren Parkplatz, von dem aus ein bequemer Fußweg zu den Lower Falls angelegt ist. Allerdings ist der mittlere und untere Teil der Fälle auch im Sommer schon ab 16.00 Uhr im Schatten vorgelagerter Felswände.
Camping ist in fünf großräumigen Plätzen des Tales möglich, seit kurzem jedoch nur nach Vorbuchung über MISTIX.
Außerhalb der Saison kann man Glück haben mit einer persönlichen Vorstellung am Campground-Reservation-Schalter an der Day Parking Area, im Hochsommer ist dies aussichtslos. Das gleiche gilt für die Übernachtungsmöglichkeiten innerhalb des Parks in den Lodges von Curry Village, House Keeping Camp und Yosemite Lodge. Weitere Campgrounds beim Wawona-Südeingang, mit 99 Stellplätzen, sowie an der Tioga Road die Camps White Wolf, mit 86 Plätzen; Yosemite Creek, mit 100 Plätzen; Porcupine Flat, 75 Plätze, und schließlich Tuolumne Meadows, 350 Stellplätze.
All diese über 2 000 m hoch liegenden Camps sind nur von Juni bis Mitte September geöffnet, die Art der Belegung sollte im Visitor Center erfragt werden, ehe man die Auffahrt beginnt.
Reservierungen über MISTIX oder Yosemite Park und Curry Co., Yosemite N.P., CA 95389, Telefon (209) 373-4171. Die Übernachtung ist nicht nur während der fast ganzjährig währenden Saison in den Motels und Lodges der umliegenden Ortschaften an den zuführenden Straßen (siehe unten) zweckmäßig.

Zufahrt: Der Park hat vier Eingänge, drei westliche, die von den Städten Los Angeles, San Francisco und Sacramento aus gut erreichbar sind, sowie einen östlichen, der von der US 395 bei Lee Vining über den 3 031 m hohen Tioga Pass führt, daher nur im Sommer befahrbar ist. Nächste Ortschaften mit Unterkunft und Versorgungsmöglichkeiten sind Merced, Manteca, Fresno, Mariposa (alle Kalifornien) im Westen und Lee Vining California im Osten.
Anschrift: Superintendent
Yosemite N.P.
P.O. Box 577
Yosemite N.P., CA 95389
Telefon (209) 372-0200

Zion N.P.

Wenige Touristen werden zeitlich in der Lage sein, beide Teile des Parks zu besuchen, weshalb der Kolob Canyon, obwohl er an der Interstate 15 zwischen Salt Lake City und Las Vegas liegt und dadurch gut erreichbar ist, hier dem Zion Canyon Areal nachgeordnet wird. Letzterer zeigt die sehenswertesten Teile des Nationalparks von einer 10 km (6,2) langen Aussichtsstraße mit einem Endparkplatz, der ab 9.00 Uhr für Campingfahrzeuge gesperrt ist. Beidseits davon liegen viele Parkbuchten und Tagesstellplätze, um die Wanderpfade begehen zu können.
Empfohlen sei der Weeping Rock Trail, ca. 20 min, der Emerald Pool Trail, ca. 45 min und der Gateway to the Narrows Trail, ca. 1 Stunde, der tief in die Felsschluchten führt, die der Virgin-Fluß eingegraben hat.
Campingplätze sind direkt am Südeingang verfügbar. Sie sind mit Trinkwasser, allen sanitären Einrichtungen und Grillfeuerstellen ausgerüstet und idyllisch gelegen. South Campground, mit 144 Stellplätzen, ist ganzjährig geöffnet, Watchman Campground, mit 229 Plätzen, ist von April bis September offen. Unterkunft in Motels und Lodges sowie alle Versorgungseinrichtungen und Tankstellen in Springdale, Mount Carmel sowie den größeren Städten Hurricane, St. George, Cedar City und Kanab. Die Zion Lodge, die einzige innerhalb des Parks, ist meist über Monate im voraus gebucht, vor allem in der Hochsaison. Reservierung unter: Utah Parks Division, TW Recreational Services Inc., 451 North Main Street, Cedar City, UT 84720; Telefon (801) 586-7686.
Zufahrt: Im Westen verbindet die UT 15 und UT 17 von der I-15 her zum Park, im Osten verläßt man die US 89 über die UT 15 West. Der Kolob Canyon ist direkt von der I-15 aus (exit 40) erreichbar.
Anschrift: Superintendent
Zion N.P.
Springdale, UT 84767
Telefon (801) 772-3256

Verhalten und Regeln

In allen unter Verwaltung des National-Park-Service stehenden Schutzgebieten sind gewisse Regeln der Verhaltensweisen unumgänglich. Die meisten erscheinen selbstverständlich und werden im allgemeinen auch mit großer Verantwortlichkeit beachtet. Leider fallen hier die in den letzten Jahren zunehmenden Besucherzahlen aus Europa unangenehm auf. Sie haben trotz ihres angeblichen Demokratieverständnisses offenbar noch nicht gelernt, daß die Freiheit ganzer Gesellschaften nur möglich wird durch die freiwillige Selbsteinschränkung der Rechte und Ansprüche des einzelnen.
Hier deshalb einige Empfehlungen, wie man sich im erstaunlich disziplinierten Gastland an den dort üblichen Gebräuchen orientieren sollte:
1. Alle Fahrzeuge dürfen nur auf den dafür vorgesehenen Straßen und Wegen benützt werden. Abkürzungen sind verboten, Parken nur auf den gekennzeichneten Plätzen oder Buchten. Die Wanderpfade dürfen in aller Regel nicht verlassen werden, Abkürzungen zerstören den Pflanzenbewuchs und führen zu fortschreitender Erosion.
2. Die angegebenen Geschwindigkeitsgrenzen dürfen nicht überschritten werden, Hupen oder Blinken ist für Mensch und Tier störend und zu unterlassen.
3. Wilde Tiere jeglicher Art dürfen weder belästigt oder durch zu nahes Herantreten während des Filmens und Fotografierens geängstigt werden noch gar gefüttert, auch dann nicht, wenn sie selbst darum zu betteln scheinen. Menschliche Nahrung ist für jedes wilde Tier unbekömmlich oder führt zumindest dazu, daß das Tier natürliche Ernährung vernachlässigt. Viele Tiere sind Krankheitsüberträger, die possierlichen Erdhörnchen z. B. können bei Erschrecken nicht nur empfindlich beißen, sondern sogar mit Beulenpest (!) infizieren. Todesfälle sind bekannt. Wilde Tiere sind niemals zahm, sondern lediglich wenig scheu, solange sie gute Erfahrungen mit dem Menschen hatten.
4. Seine Notdurft in Sicht anderer zu verrichten ist in Amerika absolut undenkbar und kann als persönliche Beleidigung des Augenzeugen gelten. Die „deutschen Pinkelmänner" werden in Nordamerika verachtet.
5. Alle Pflanzen, Bäume, Naturrelikte oder historischen Gegenstände sind absolut geschützt, totes Holz darf nur in Ausnahmefällen für das Lagerfeuer gesammelt werden. Gleiches gilt z. B. für Kiefernzapfen, die eine wichtige Nahrungsquelle für Nager sind.
6. Kochen und Grillen nur auf den dafür bestimmten Feuerstellen auf Campingplätzen oder Picknickarealen. Feuer danach gründlich löschen! Nächtliche Ruhe üblicherweise von 22.00 bis 6.00 Uhr. Dann weder Musik noch laute Unterhaltung. Alkoholisches Feiern und lautes Zurufen ist völlig unüblich, auch tagsüber. Man ist gekommen, die Natur zu genießen.
7. Abfall sollte, wo immer, peinlichst beseitigt werden. Die Campingstellplätze sollte man zumindest so sauber verlassen, wie man sie vorgefunden hat oder vorzufinden wünschte.
8. Rauchen und offener Gebrauch alkoholischer Getränke ist in den Naturparks unerwünscht, auf Wanderpfaden und an Stränden strikt verboten. Letztere dürfen auch weder mit Flaschen noch mit Gläsern betreten werden.
9. Campingfahrzeuge dürfen kein gebrauchtes Wasser ablassen, auch Zeltler sind gehalten, ihre Abwässer zum Waschraum zu bringen.
10. Eßgeschirr und dergleichen darf nur an den dafür vorgesehenen Stellen (Spülbecken, Waschräume) gereinigt werden, niemals in Flüssen oder Seen.
11. Trinkwasser nur an den gekennzeichneten Zapfstellen und Wasserhähnen holen. In vielen entlegenen Schutzgebieten besteht eine eigene, sichere Wasserversorgung. Das Wasser aus noch so sauber erscheinenden Gewässern ist häufig mit Mikroorganismen verseucht und kann zu schweren akut-chronischen Darminfektionen führen, die man im Urlaub am wenigsten gebrauchen kann.
12. Den Anordnungen der stets sehr freundlichen und hilfsbereiten Ranger, den aufsichtführenden und lehrbefähigten Parkbeamten, ist Folge zu leisten. Es ist beinahe selbstverständlich, ihnen, auch wenn sie im Auto vorbeifahren, ein Lächeln und ein „handwave", einen freundlichen Gruß mit der Hand, zu geben oder ihn zu erwidern. Es sind diese kleinen, in Amerika selbstverständlichen Freundlichkeiten, die das Zusammenleben drüben so erfreulich, erleichternd und für den Europäer vorbildhaft machen.

Der Autor

GAYLORD SKY WORELL, 1921 geboren, zeigte schon früh starke Neigungen zur Musik und den bildenden Künsten. Mit 15 Jahren erste beachtete Landschafts-Fotografie, seit dem 17. Lebensjahr Bildberichte für die Presse und Naturmalerei in Aquarell und Öltechnik. 1940 erste eigene Foto-Ausstellung mit breit gefächerter Thematik. Weitere Ausstellungen im In- und Ausland folgten, bis heute.
Nach dem Kriege finanzierte er als freier Foto-Grafiker seine Studien der Geologie, Geographie, Medizin und Psychologie bis zur Promotion. 1949 erschien sein erster Bildband. Danach wurde er langjähriger Mitarbeiter bei den namhaftesten Verlagen für Naturwissenschaft in Wort und Bild. Ausgedehnte Reisen und Expeditionen in viele Länder fast aller Kontinente schlugen sich in zahllosen Arbeiten nieder, vor allem auch über aktiven Vulkanismus, und schufen ein umfangreiches Bildarchiv. 1977 erschien eine beispielhafte Bildmonographie über mittelalterliche Architektur, inzwischen ein Standardwerk.
Seit 1970 widmete sich der Autor vorwiegend der Geologie, Geographie und biotopographischen Naturdarstellung des nordamerikanischen Kontinents, in der engagierten Überzeugung, daß die Verbreitung eingehender Kenntnis über dessen großartige Formationen und einmalige Ökosysteme eine verpflichtende Herausforderung für den populär-wissenschaftlich orientierten Naturschriftsteller und Fotografen sei.
Worell hat während zwanzig Jahren und insgesamt über acht Jahren Gesamtreisezeit mit mehr als 100 000 Meilen in Motorhomes Amerika vielfältig durchkreuzt, wobei von den National-Parks, National Monuments und allen bedeutenden Landschaften der USA und Kanadas ein unvergleichliches Bildarchiv erarbeitet sowie Eindrücke und Kenntnisse erworben wurden, die ihn zum derzeit wohl besten Kenner amerikanischer Landschaften und Naturphänomene machen. Der Autor ist Mitglied der National Geographic Society, Washington, D.C. und Ehrenbürger der Stadt New Orleans, LA.

– CANAD
Pazifischer Ozean
– MEXICO –
Olympic NP
SEATTLE
Mount Rainier NP
PORTLAND
OREGON
Crater Lake NP
GREAT FALLS
MONTANA
BILLINGS
NORTH DAKOTA
SOUTH DAKOTA
RAPID CITY
Badlands NP
Mount Rushmore NM
Devils Tower NM
Yellowstone NP
Grand Teton NP
WYOMING
BOISE
Craters of the Moon NM
IDAHO
Lava Beds NM
Redwood NP
Lassen Volcanic NP
NEVADA
NEBRASKA
Scotts Bluff NM
CHEYENNE
CALIFORNIA
Point Reyes NS
RENO
Lehman Caves NM
SACRAMENTO
Muir Woods NM
SAN FRANCISCO
UTAH
SALT LAKE CITY
Timpanogos Cave NM
COLORADO
Dinosaur NM
Rocky Mountain NP
DENVER
KANSAS
Yosemite NP
Devils Postpile NM
Kings Canyon NP
Pinnacles NM
Sequoia NP
Death Valley NM
LAS VEGAS
Arches NP
Capitol Reef NP
Cedar Breaks NM
Zion NP
Bryce Canyon NP
Canyonlands NP
Natural Bridges NM
Rainbow Bridge NM
Colorado NM
Black Canyon of the Gunnison NM
Great Sand Dunes NM
Grand Canyon NP
ARIZONA
NEW MEXICO
Canyon de Chelly NM
Wupatki NM
Sunset Crater NM
Petrified Forest NP
SANTA FE
El Morro NM
TEXAS
OKL
OKLA
Channel Islands NP
LOS ANGELES
Joshua Tree NM
Montezuma Castle NM
SAN DIEGO
PHOENIX
Organ Pipe Cactus NM
Saguaro NM
Chiricahua NM
White Sands NM
Carlsbad Caverns NP
SAN
National Parks
National Monuments